山西省第三次全国文物普查丛书

太原三普新发现集萃

TAI YUAN SAN PU XIN FA XIAN JI CUI

太原市文物局　编著

山西出版传媒集团

三晋出版社

《太原三普新发现集萃》编纂委员会

主　　编：李　钢

副 主 编：刘　军　　赵乃仁　　郝宝清　　赵树忠
　　　　　谷立新　　秦建军

（以下按姓氏笔画排序）

编　　委：史保华　　任红敏　　李　非　　张　军
　　　　　张　鹏　　张文庆　　杨丽生　　杨秀生
　　　　　杨继福　　吴春明　　宋建伟　　陈庆轩
　　　　　苗原隆　　周富年　　郑红军　　胡　泊
　　　　　郝俊生　　高剑光　　康秋明　　常一民
　　　　　阎跃进　　梁丽琼　　梁俊杰　　韩　革
　　　　　冀爱斌　　霍润农

摄　　影：王安福　　白宇峰　　朱海浩　　刘建宇
　　　　　李　博　　张　鹏　　陈庆轩　　赵永奇
　　　　　郭守俊　　常原生

绘　　图：石　力　　孙芙蓉　　任红敏　　唐　洁
　　　　　韩宏斌　　葛海江

文字说明：左振华　　龙　真　　冯　钢　　张文娟
　　　　　贾莉莉　　唐泽华　　曹红霞　　韩　革
　　　　　霍润农　　檀志慧

总 序

ZONGXU

　　欣闻《山西省第三次全国文物普查丛书》即将付梓，编辑同志让我写几句话。很好的事情，我欣然应允！

　　从 2007 年 4 月开始的第三次全国文物普查，今年已是收官之年了。几年来，在各级党委、政府的高度重视和大力支持下，全省 1500 余名普查队员，兀兀四面追索，孳孳八方寻觅，足迹踏遍了全省 15.6 万平方公里土地，调查到达率、覆盖率均为 100%，共登录不可移动文物 53875 处，其中新发现 36365 处，比之上世纪 80 年代开展的"二普"总量增加了两倍。新发现的大量古文化遗址、古墓葬、古建筑和近现代重要史迹，极大地丰富了山西的文化遗产宝库。尤其是那些数量可观的文化遗产新类型，以其鲜明的时代特征和强烈的可参与性，见证了社会变迁、经济发展和生活进步，凸显了"为了明天，保护今天"的文化遗产保护新理念。

　　同时令我们深感欣慰的是，作为新世纪对文化遗产事业的一次大检阅、对文化遗产队伍的一次大练兵，这场规模浩大的文物普查，为山西文化遗产事业的繁荣发展，培养了一支作风正、业务精的队伍。

　　大地无语，却在自己宽广的胸怀里，铭刻着文物普查那一幕幕不逝的记忆，吸纳了普查队员那一滴滴辛勤的汗水……今天，这些难忘而珍贵的经历，已经凝聚成这套丛书。透过书里一幅幅图页，会感触到普查队员们跋山涉水、风餐露宿的历程，触摸到文博人甘耐寂寞、珍爱遗产的情志：肩负重托的荣耀，履行使命的激情，缜密探寻的艰辛，倾心发现的兴奋，赢得成果的喜庆，鼓荡人心的风采。

文化遗产是一个极富活力和魅力的神奇世界，它的贮藏、它的蕴含，是人类历史创造的智慧结晶，更是人类未来进步的营养宝库。从这个意义上讲，我们应该把文化遗产奉若神明，尊重它、敬畏它。无论是古代遗址，还是近代优秀建筑，无论是单体文物，还是成片历史古迹，都应像保护我们的身体一样保护其本体及其依存的生态和人文环境，这不仅是经济社会发展的客观要求，也是历史赋予我们的神圣责任。

寻找与守望，是我们文化遗产工作者的生命轨迹和精神归宿，其光彩也昭昭，征途也漫漫，蕴含着太多的挚爱与忠贞，凝聚着太多的坚毅与持守……为了让更多的人了解山西的文化遗产，了解山西的历史和文明，省"三普"办和各市"三普"办组织编写了这套丛书。感谢普查队员，他们以自己的生命和年华，用自己的心血和汗水，做了一件平凡而又伟大的事。

是为序。

王建武

2011年7月于并州

前　言

QIANYAN

　　文物普查是国情国力调查的重要组成部分，是确保国家历史文化遗产安全的重要措施，是我国文化遗产保护的基础工作。开展第三次全国文物普查是国务院做出的重要决策。自 2007 年启动以来，经过数年的艰苦努力，太原市第三次全国文物普查取得了丰硕成果。全市调查登记不可移动文物 2237 处，包括复查 833 处、新发现 1404 处，新发现数量占到普查总量的 62.7%。在普查中，共调查登记古遗址 334 处、古墓葬 121 处、古建筑 932 处、石窟寺及石刻 48 处、近现代重要史迹及代表性建筑 796 处、其他 6 处，6 大类文物类型全部覆盖。在 59 个小类中，尽管由于地域和历史条件所限，也涵盖了 44 个小类，其中，古遗址 16 个小类中涉及 8 个，古墓葬 4 个小类中涉及 3 个，古建筑 17 个小类中涉及 11 个，石窟寺及石刻 6 个小类中涉及 5 个，近现代重要史迹及代表性建筑 17 个小类全部涵盖。为使社会公众及时了解全市文物资源保存现状，我们精心选择了 112 处重要新发现编辑成书，以展示普查的丰硕成果，进一步增强全社会的文物保护意识。

　　太原是我国文明发展史上开发较早的地区之一。娄烦县的东六度西遗址、古交市的石家河南遗址等旧石器文化遗址的发现，说明先民们很早就在这方土地上劳动、生息、繁衍，创造了太原的早期文明。上静游、大碾沟、镇城、深崖沟等多处新石器文化遗址，生动地揭示出约在 6000 年前，太原汾河谷地已经是一个人口较密、经济和文化都较为发达的原始部落区域。童子寺遗址现存的北齐和明代建筑基址，与石窟、佛阁和寺院并存，是少见的类型齐全的寺院遗址。庙前山古驿道，为研究古代晋阳与周边地区的交通、交流情况提供了重要参考。而石岭关烽火台、西关口平天堡址、东关口青龙堡址等军事设施遗址，则是太原地区作为明清时期军事战略要地的实物见证。

太原地区的古墓葬历代都有发现。此次普查新发现了一批清代家族墓地，清徐县的王氏家族墓地、古交市的陈氏家族墓地、阳曲县的常氏家族墓地、尖草坪区的范氏家族墓地规模都较大，现存的碑楼、楹联、供桌、香炉等雕刻精美细腻，为研究当地清代葬俗提供了颇有价值的实物资料。

太原境内的古代建筑数量大，类别多，寺观庙宇、古塔、古桥以及宅第民居建筑遍布全市，为研究我国建筑史、建筑结构、宗教艺术等方面提供了珍贵而丰富的实物资料。在新发现的古建筑中，宅第民居占了将近一半，清徐县的贾兆村、大常村和尖草坪区的柏板村都是宅第民居集中连片的区域，这与明清时期当地晋商繁盛、置地建宅有着直接联系。晋源区的店头村依山而建，背山面水，街巷纵横，完整地保留了古堡的村落民居、军事设施、戏台寺庙，2011 年被评为中国历史文化名村。此外，娄烦县的米峪镇村戏台、清徐县的成子张氏祠堂、尖草坪区的福和厚店铺、晋源区筑于明代的风峪沟堤堰、建于清代的程家峪桥都极大地丰富了全市古建筑的品类，全面准确地反映了当时社会历史的整体面貌。

在普查的新发现中，太原境内现存的石窟寺及石刻虽然数量不多，规模不大，但人物造型比例匀称，刀法简洁，其中以凌井沟摩崖造像、千佛洞石窟最具代表性。太原也是山西碑刻的重要遗存地，现存碑刻约千余通，碑刻种类以记事碑、功德碑为主，兼有水利碑、集市碑等，主要附属于寺庙建筑之中。

近现代重要史迹及代表性建筑是这次普查的重点和亮点，其存量以传统民居最多，宗教建筑、工业建筑及附属物、军事建筑及设施、文化教育建筑及附属物都有一定存量，这与太原市作为省会城市和在工业、文化、经济上的地位，以及作为一座具有光荣革命传统的城市息息相关。在传统民居中，尖草坪区的摄乐一号民居为特色鲜明的民国时期建筑，房屋门窗拱券上所题匾额多集自清金缨《格言联璧》一书，凸显儒家文化特色，是不可多得的乡土建筑佳作。而清徐县的贾兆村东西大街20号贾家宅院、晋源区的晋祠南堡杨家宅院、尖草坪区的上兰张公馆旧址等也是民居建筑中的精品。在工业建筑中，1932年修建的西北炼钢厂旧址二号高炉位于现在的太原钢铁集团有限公司厂区内，为太钢服役年代最长、历史最悠久的高炉，是研究近代炼钢设备及技术的重要实物资料，也是全国仅存的几座民国时期高炉。古交钢铁厂、山西江阳化工厂旧址、二四七厂苏联专家楼旧址见证了建国初期重工业发展的艰辛历程。而山西省图书馆、太原市少年宫、太原工人文化宫、山西大学毛泽东塑像则是20世纪新型文化遗产成为文物保护的新成员，其中太原工人文化宫入选山西省第三次全国文物普查十大重要新发现。迎泽区的侵华日军军营旧址、清徐县的清太徐县抗日政府旧址、西谷学堂旧址都是普查中的重要发现，对于研究抗日时期史实、近现代文化教育具有一定的历史价值。

在第三次全国文物普查中，由于对文物的内涵、外延有了新的认识，一些具有代表性的农业遗产、文化景观、文化线路也纳入普查范围，如清代的白石沟古葡萄园印证了清徐县葡萄种植的悠久历史，体现了全国四大葡萄产地之一的殊荣，是研究我国古代葡萄种植单株首次使用压发条技术的实物资料。

编辑出版《太原三普新发现集萃》既是"三普"新成果的展示，也仅仅是一个开始，将普查成果进一步转化，推动文物事业科学发展，还有很多工作要做。相信随着普查的结束，太原市的文物保护工作将开启新的篇章！

目 录

MULU

【 古墓葬 】

【 古建筑 】

【 石窟寺及石刻 】

【 近现代重要史迹及代表性建筑 】

【其　他】

古遗址

Guyizhi

聚落址

西青善遗址

　　西青善遗址位于阳曲县泥屯镇西青善村东的台地上。南北长约 640 米,东西宽约 150 米,分布面积约 9.6 万平方米。北部断崖上发现文化层,厚 0.7 米,采集有夏代夹砂灰陶绳纹器足。地表采集有新石器时代仰韶文化的泥质红陶片,内施黑彩;新石器时代龙山文化的泥质、夹砂灰陶篮纹、绳纹罐残片;夏代的夹砂灰陶绳纹陶片、器足;东周泥质灰陶绳纹陶片等遗物。是一处延续时间长,分布范围大的遗址。

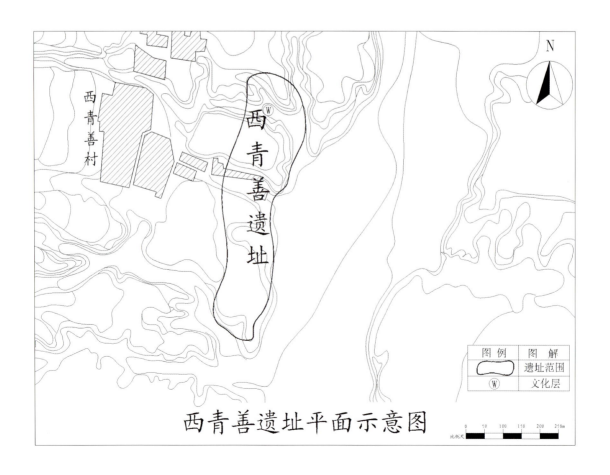

西青善遗址平面示意图

1. 西青善遗址平面示意图
2. 西青善遗址地表采集遗物
3. 西青善遗址文化层内遗物
4. 西青善遗址远景

上静游遗址

　　上静游遗址位于娄烦县静游镇上静游村西约 1000 米处。东西长约 370 米,南北宽约 300 米,分布面积约 11.1 万平方米。在遗址断面上发现 11 处白灰面房址,白灰面平均厚 0.002 米。遗物有新石器时代仰韶文化彩陶片;龙山文化篮纹陶片、绳纹陶片。可辨器形有罐、豆等。该遗址分布面积大,大量房址和陶片的发现,表明该区域在新石器时代龙山文化时期曾经存在一个大型聚落群。该遗址的发现,极大地丰富了吕梁山东北区域、汾河沿岸新石器时代聚落考古的材料。

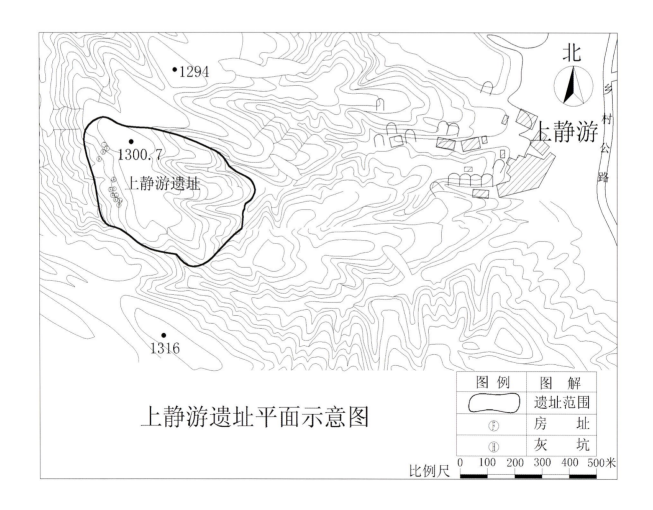

上静游遗址平面示意图

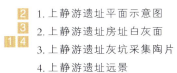
1. 上静游遗址平面示意图
2. 上静游遗址房址白灰面
3. 上静游遗址灰坑采集陶片
4. 上静游遗址远景

宇文遗址

　　宇文遗址位于尖草坪区柏板乡宇文村北的台地上。东西宽约 500 米,南北长约 600 米,分布面积约 30 万平方米。在台地东侧断崖暴露文化层,厚约 1.5 米,采集有新石器时代龙山文化的夹砂红陶和灰陶陶片,器表施绳纹。地表采集有新石器时代仰韶文化的泥质灰陶、夹砂红陶和泥质红陶陶片,器表绘有三角形、菱形等图案,可辨器形有钵、罐等;龙山文化的泥质灰陶和夹砂灰陶陶片,器表施篮纹、绳纹等,部分陶片上附鋬手,可辨器形有罐;夏商时期的夹砂灰陶和夹砂红陶陶片,器表施绳纹、旋纹等,可辨器形为罐。此外,还采集有 4 件石器,2 件为刮削器,2 件为石片。是一处分布范围大、延续时间长、遗物丰富的遗址。

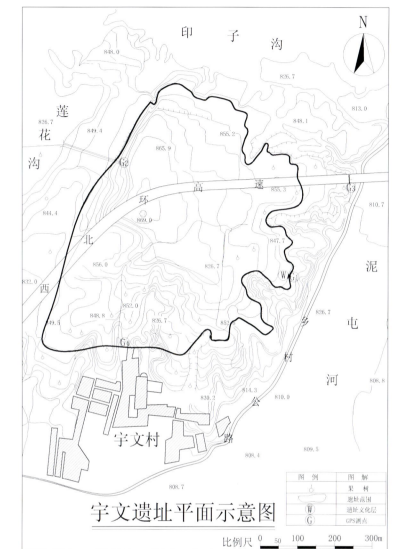

宇文遗址平面示意图

图 例	图 解
🥄	果 树
	遗址范围
Ⓦ	遗址文化层
Ⓖ	GPS测点

比例尺　0　50　100　200　300m

1 2 4
3   5

1. 大碾沟遗址地表采集遗物 1
2. 大碾沟遗址地表采集遗物 2
3. 大碾沟遗址平面示意图
4. 大碾沟遗址房址
5. 大碾沟遗址远景

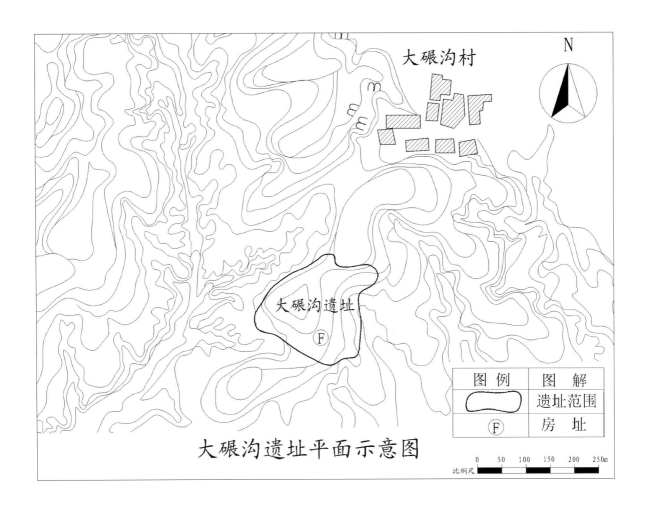

大碾沟遗址平面示意图

大碾沟遗址

大碾沟遗址位于阳曲县侯村乡大碾沟村西南约200米的台地上。南北长170米,东西宽150米,分布面积约2.6万平方米。地表采集有新石器时代龙山文化的夹砂灰陶篮纹、绳纹罐残片,以及红陶夹砂绳纹鋬耳。这是一处时代特色鲜明的新石器时代遗址。

深崖沟遗址

　　深崖沟遗址位于清徐县马峪乡仁义村北白石河边二级台地及白石山山南坡地上。南北长约230米，东西宽约160米，分布面积约3.7万平方米。北部发现一处红烧土平面。遗址地表分布有大量陶片，少数为表面磨光的泥质红陶以及夹砂灰陶素面直腹碗，属仰韶文化晚期遗存；多数为龙山文化早期泥质和夹砂灰陶片，器表施绳纹、篮纹、戳印圆点纹、附加堆纹等，部分陶片上有錾耳，可辨器形有罜、罐等。另发现龙山文化时期单面磨光研磨器和刮削器各1件。该遗址的发现，为研究太原盆地新石器文化遗存提供了新的资料。

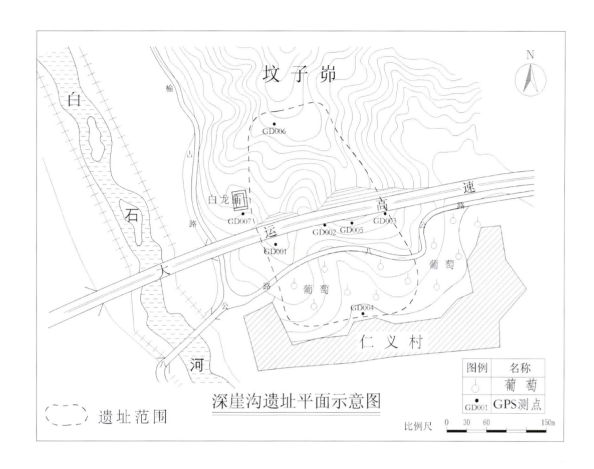

深崖沟遗址平面示意图

遗址范围

1. 深崖沟遗址地表采集罕
2. 深崖沟遗址地表采集石器
3. 深崖沟遗址远景
4. 深崖沟遗址平面示意图
5. 深崖沟遗址红烧土

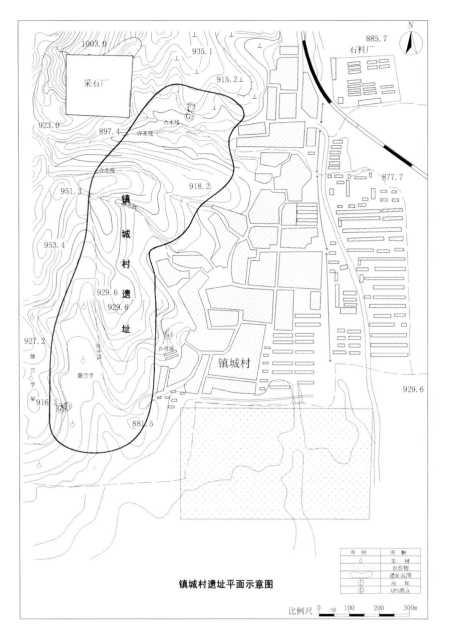

镇城村遗址平面示意图

1. 镇城村遗址平面示意图
2. 镇城村遗址地表采集陶鬲
3. 镇城村遗址地表采集遗物
4. 镇城村遗址远景
5. 镇城村遗址房址

镇城村遗址

　　镇城村遗址位于尖草坪区柏板乡镇城村西的台地上。南北长约1000米,东西宽约350米,分布面积约35万平方米。在遗址南部台地东侧断崖上暴露1座长约2米、厚约0.003米的龙山文化的白灰面房址。在遗址北部台地断崖上发现1座长2米、厚约0.16米的红烧土面房址,房址中采集有龙山文化的泥质篮纹灰陶陶片。地表采集有龙山文化的夹砂绳纹红陶、泥质红陶罐口沿、夹砂绳纹灰陶和泥质篮纹灰陶陶片,可辨器形有罐、缸、鬲。还采集有1件表面磨光石斧。该遗址的发现,为研究太原盆地新石器时代文化提供了新的资料。

西迎南风遗址

　　西迎南风遗址位于清徐县马峪乡西迎南风村西南台地上。分布面积约 12 万平方米。最高海拔 1073 米,最低海拔 1035 米。在遗址东部台地上采集有新石器时代龙山文化夹砂、泥质绳纹、篮纹陶片及少量篮纹、素面红陶,可辨器形主要有罐、壶等。西山西侧坡地采集少量夏文化时期麦粒绳纹、涡纹夹砂灰陶,器形为罐;另在坡地上采集到 2 件砂岩质石器,均为半成品。西山山顶上采集到东周时期粗绳纹夹砂灰陶一片;汉代素面夹砂灰陶一片,内施麻点纹;两片夹砂灰陶,器表施戳印纹。

1. 西迎南风遗址地表采集陶片

2. 西迎南风遗址地表采集石器

3. 西迎南风遗址

4. 西迎南风遗址近景

5. 西迎南风遗址平面示意图

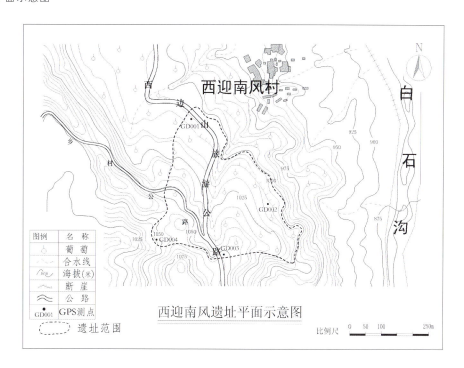

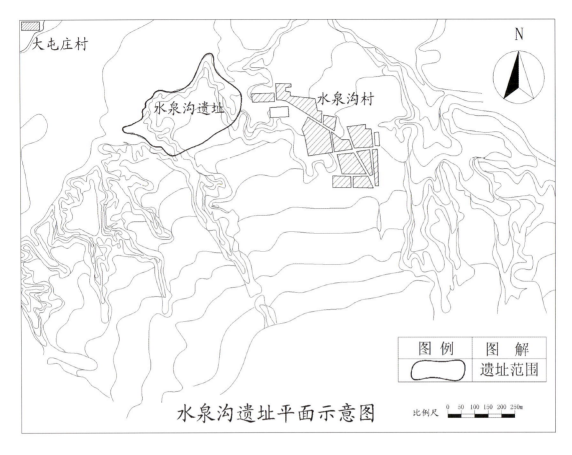

水泉沟遗址平面示意图

水泉沟遗址

　　水泉沟遗址位于阳曲县东黄水镇水泉沟村西约 150 米处。南北长约 400 米，东西宽约 160 米，分布面积约 6.4 万平方米，属新石器时代、夏代文化遗存。地表采集有龙山文化的夹砂、泥质灰陶篮纹、绳纹罐残片以及鋬耳、鬲足、石刀等；夏代夹砂、泥质灰陶绳纹罐残片。

1 3
2 4
1. 水泉沟遗址平面示意图
2. 水泉沟遗址断面上的遗物
3. 水泉沟遗址地表采集遗物
4. 水泉沟遗址近景

神童岭遗址

　　神童岭遗址位于娄烦县米峪镇乡柴厂村东南约 1000 米、南川河东岸台地上。东西长约 200 米,南北宽约 110 米,分布面积约 2.2 万平方米。台地中部断面上暴露文化层,厚约 1~1.5 米、长约 10 米,采集有较完整的夏代夹砂绳纹甗、瓮式罍、罐等。地表采集有东周时期的夹砂灰陶绳纹罐残片等。该遗址的发现,为研究太原地区夏商文化提供了实物资料。

1. 神童岭遗址远景
2. 神童岭遗址文化层采集甗
3. 神童岭遗址文化层采集瓮式罍
4. 神童岭遗址平面示意图
5. 神童岭遗址文化层

神童岭遗址平面示意图

图 例	图 解
◯	遗址范围
Ⓦ	文化层

南坪头遗址

　　南坪头遗址位于小店区北营街道办事处南坪头村南约 1000 米的台地之上。南北长约 280 米,东西宽约 120 米,分布面积约 3.3 万平方米。遗址西侧暴露有灰坑 1 座,口宽约 7 米、底宽约 3 米、深约 4 米,采集有夏代的夹砂灰陶,器表施绳纹、附加堆纹等,可辨器形有罐、鬲等,此外还采集有一件楔形石器,器顶磨光。在遗址地表采集有夏代的夹砂灰陶,器表施绳纹、附加堆纹、旋纹等,可辨器形有罐、鬲等。为一处文化特色鲜明的夏遗址。

2	3
1	4

1. 南坪头遗址远景
2. 南坪头遗址地表采集遗物
3. 南坪头遗址灰坑
4. 南坪头遗址平面示意图

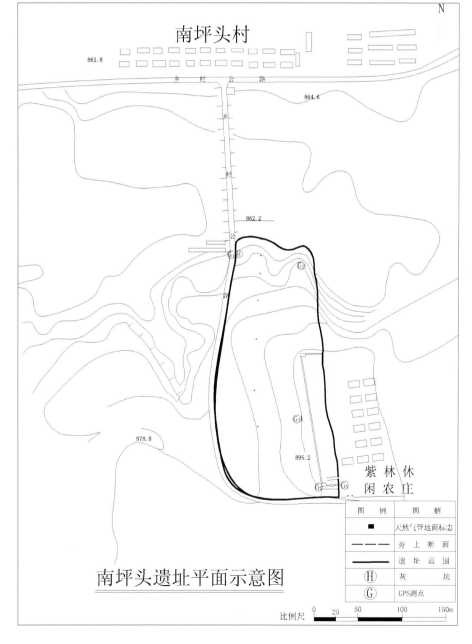

南坪头遗址平面示意图

兰岗遗址

兰岗遗址位于尖草坪区向阳镇兰岗村西北约 300 米的台地西部。南北长约 400 米，东西宽约 250 米，分布面积约 10 万平方米。在遗址地表采集有夏商时期的泥质灰陶和夹砂灰陶陶片，器表多施粗细不一的绳纹、旋纹等，可辨器形有罐、鬲、鼎等。这是一处面积较大、包含物丰富、时代特征明显的夏商时期重要遗址。

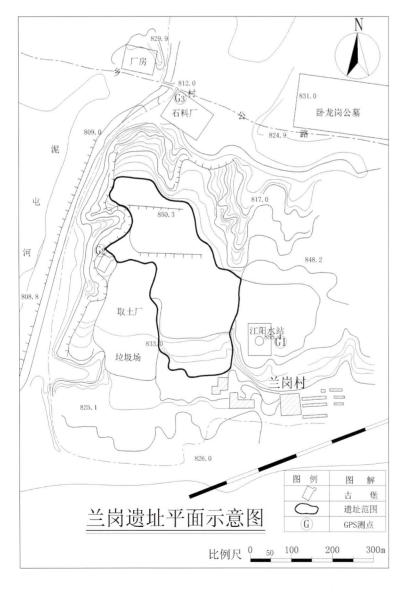

兰岗遗址平面示意图

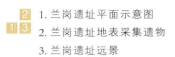
1. 兰岗遗址平面示意图
2. 兰岗遗址地表采集遗物
3. 兰岗遗址远景

大坡湾遗址

　　大坡湾遗址位于娄烦县静游镇下静游村东北部大坡湾台地上。东西长约230米，南北宽约100米，分布面积约2.3万平方米。遗址所在台地北侧断面上暴露文化层，厚约3~5米，采集有东周时期泥质、夹砂绳纹灰陶片，可辨器形有罐、鬲等，另外还采集有泥质圆锥状支钉。地表采集有东周时期泥质、夹砂灰陶片，纹饰有绳纹、戳印纹。该遗址的发现，为研究汾河沿岸东周时期考古提供了新的材料。

1. 大坡湾遗址平面示意图
2. 大坡湾遗址文化层采集遗物
3. 大坡湾遗址文化层
4. 大坡湾遗址远景

北

下静游村

乡　镇　公　路

图　例	图　解
◯	遗址范围

大坡湾遗址平面示意图

比例尺　0　50　100　150　200　250米

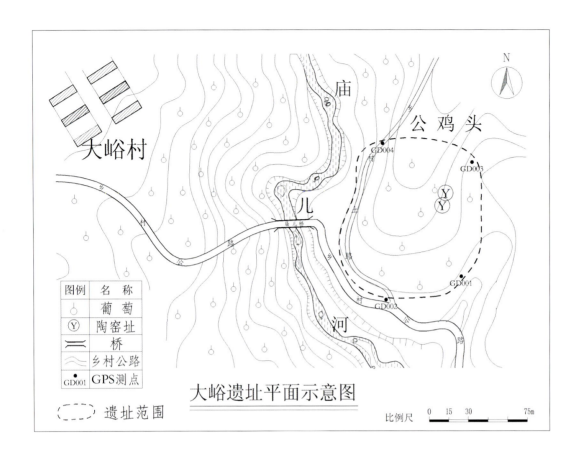

图例	名　称
⚲	葡萄
Ⓨ	陶窑址
⟩⟨	桥
∿	乡村公路
GD001•	GPS测点

大峪遗址平面示意图

比例尺　0　15　30　75m

⊂⊃ 遗址范围

大峪遗址

　　大峪遗址位于清徐县清源镇大峪村东台地上。遗址北靠公鸡头（梁），东侧和南侧到台地边缘，西至台地边缘土路。东西宽约100米，南北长约100米，分布面积约1万平方米。遗址所处的台地北高南低，分若干级阶梯。在遗址的中部发现2座窑址。窑址旁发现一变形的陶器口沿，敛口，器表施绳纹。遗址的其他区域发现有大量东周时期灰陶陶片，分泥质和夹砂两种，多施绳纹，少量旋纹，可辨器形有罐、壶、豆等。

1　4
2
3　5

1. 大峪遗址平面示意图
2. 大峪遗址地表采集陶片
3. 大峪遗址窑址旁采集陶片
4. 大峪遗址窑址
5. 大峪遗址远景

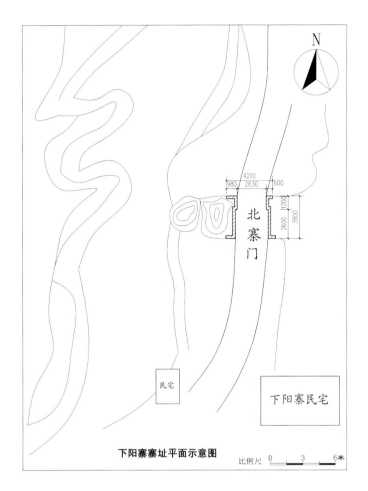

下阳寨寨址寨址平面示意图

比例尺 0 3 6米

1 **3** **4**
2 **5**
1. 下阳寨寨址北寨门门内
2. 下阳寨寨址北寨门正面
3. 下阳寨寨址平面示意图
4. 下阳寨寨址夯层
5. 下阳寨寨址北寨门门额

下阳寨寨址

　　下阳寨寨址位于阳曲县侯村乡下阳寨自然村北。寨址平面形状不详，现存为通往村外的北寨门和墙体残段。寨门坐南朝北，清咸丰三年（1853）建造，青石垒砌，呈拱券形，门额上刻有"太平"二字，旁有"咸丰三年"题记。门高5.5米，门洞宽2.9米，进深2.95米。门两侧现存有夯土墙体，夯层厚为0.06~0.1米。

枣园村落遗址

枣园村落遗址位于迎泽区郝庄镇枣园村大桥沟的山崖上。当地人称洞穴为窨子，建于清代。现保存有100余处，分布在呈东北—西南走向的沟内两侧山崖上。洞穴大多是家族挖券，高约2.2米，宽3米，长4~8米不等，洞洞相连。洞内门、窗、床(土炕)、灶、井、柜(土柜)、储藏室、油灯龛等生活设施齐全，还有地下通道与其他家族相连。

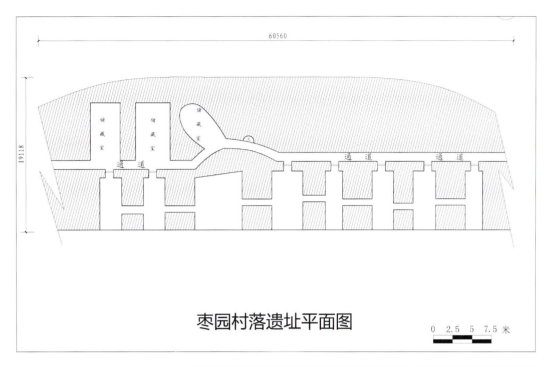

枣园村落遗址平面图

0 2.5 5 7.5 米

城　址

南高庄城址

南高庄城址位于阳曲县大盂镇南高庄村上店。明代建造。四周为夯土城墙，周长约2000米，厚5米，高约10米，分布面积约11万平方米。城址平面呈长方形，东、西城墙上分别建有5个城垛，南、北城墙上各建一城门，北侧尚存瓮城。南北城门均系石砌墙基，砖砌门洞。北城门高6米，宽4米，进深13米。南城门高5.4米，宽3.8米，进深13.45米，西侧有"三和长屏"石匾，并有"万历二年岁在甲戌秋八月吉日"题记。古城在抵御外侵、防止战乱、屯兵防守等方面曾起到积极作用。

1. 南高庄城址南城门
2. 南高庄城址城墙
3. 南高庄城址北城门
4. 南高庄城址南城门石匾
5. 南高庄城址南城门全景

庙前山驿道

　　庙前山驿道位于晋源区晋源街道办事处要子庄西北 3000 米的庙前山。据文献记载,古时是晋阳通往交城、娄烦的驿道。驿道现存长约 1500 米,宽约 2 米,东西走向,有人工开凿和砌筑台阶痕迹。驿道北面山崖上有宋代摩崖石刻,有北宋政和三年(1113)、政和四年(1114)题记,记载了当地村民祈雨、贺雨等内容。驿道保存距离较长,题记明确,对研究古代晋阳与周边地区的交通、交流情况具有一定意义。

1. 庙前山驿道山崖北宋政和三年(1113)题记
2. 庙前山驿道山崖北宋政和四年(1114)题记
3. 庙前山驿道远景

东关口青龙堡址

东关口青龙堡址位于尖草坪区柏板乡东关口村东南约 1000 米的山峁上。建于清代。平面呈八边形,堡墙黄土夯筑,边长约 23 米,周长 194 米,残高 3~6 米,顶厚约 1 米,夯土层厚 0.25 米。瞭望台设西南角,存迹长 10 米,宽 4~5 米,高约 9 米。为村民躲避战乱而修筑。

东关口青龙堡址远景

西关口平天堡址

　　西关口平天堡址位于尖草坪区柏板乡西关口村西约1000米的山峁之上。建于清代。黄土夯筑，平面呈椭圆形，周长172米，堡墙残高3.6~12米，顶厚约1.5米，夯土层厚0.1~0.26米。西北堡墙中段设瞭望台，南墙开石券过洞式堡门，堡内四周存有暗堡。为当地村民防匪患之场所。

▌1 1. 西关口平天堡址夯土层
▌2 2. 西关口平天堡址全景

中塌永昌堡址

中塌永昌堡址位于尖草坪区西塌乡中塌村东约 300 米处高地上。清道光二十三年(1843)《阳曲县志》有记载。坐北朝南,平面呈正方形,堡墙长、宽均为 54 米,原南堡墙正中辟门。堡墙残高 8 米,顶厚 0.3~0.5 米,底宽 3 米,墙体夯筑,夯土层厚 0.15 米。为村民躲避匪患之场所。

1. 中塌永昌堡址夯土层
2. 中塌永昌堡址远景

侯村堡址

　　侯村堡址位于阳曲县侯村乡侯村西北约200米处。建于清代。平面近似于方形,东西宽64米,南北长72米,分布面积约4608平方米。堡墙黄土夯筑,夯层厚约0.1米,残高约5米。南北各辟一堡门。为当地村民躲匪患、避战乱的场所。

侯村堡址内景

石岭关烽火台

　　石岭关烽火台位于阳曲县大盂镇上原村石岭关自然村西。石岭关古称"白皮关"、"石岭镇"，为历代兵家据险争地，系并、代、云、朔之交通要冲，素称太原忻定出入门户。烽火台地处村中较高处，方锥形台体，底边长4.8米，顶边长约3米，残高5.3米，夯层厚约0.1~0.15米。为明清时期从忻州到太原府驿道上的通讯设施。

石岭关烽火台遗址近景

榆树崄军火制造遗址

1. 榆树崄军火制造遗址熏窑
2. 榆树崄军火制造遗址熏窑内部
3. 榆树崄军火制造遗址废渣场
4. 榆树崄军火制造遗址地表层

榆树崄军火制造遗址位于万柏林区王封乡榆树崄村炉上沟。该地区山中盛产煤炭、铁等矿产,整个沟内全部为"炮子"(军火使用的火石与硫磺的混合物)生产地。遗址三面环山,分布面积4897.92平方米。遗址现存有烧制炮子用的熏窑2孔及煤窑、炼铁场、废渣场等。

寺庙遗址

童子寺遗址

　　童子寺遗址位于晋源区晋祠镇西镇村西约 2.5 千米的硫磺沟内。童子寺始建于北齐天保七年(556)，现存为北齐、明代建筑基址。寺院坐西朝东，分为南北内部分，分布面积为2176.5 平方米。北部为北齐大佛前的佛阁遗址，佛阁依山而建，墙体为北齐时条石砌筑，唐代增筑护墙；南部为明代寺院遗址，现存石砌院墙和北配殿两孔石砌窑洞。寺院西南山体崖面上还存有 3 窟石窟，佛像风化严重。童子寺延续时代较长，并且石窟、佛阁和寺院并存，是少见的类型齐全的寺院遗址。

1. 童子寺遗址远景
2. 童子寺遗址寺院遗址西南石窟
3. 童子寺遗址佛阁遗址
4. 童子寺遗址佛阁遗址柱础
5. 童子寺遗址寺院遗址

东郭湫龙王庙遗址

　　东郭湫龙王庙遗址位于阳曲县凌井店乡东郭湫村东南约 1500 米的兴隆山上。据庙内民国十二年(1923)《重修龙王庙碑记》记载,庙内存明嘉靖四十三年(1564)碑,清光绪二十六年(1900)重修。抗日战争时期,该庙被日军焚毁。庙依山势而建,坐北朝南,由上中下三层建筑组成。下层为文昌阁。中层中轴线上存龙王庙、石姑坛、戏台,两侧为东西厢房、钟鼓楼。寺西南约 100 米高坡上建奎星楼。以上建筑基址为原构,其上建筑为新建。奎星楼原由楼及两侧石台组成,现残存石砌墙体高约 2.6 米,楼基长 6.3 米,宽 7.9 米,两侧石柱方形,长宽均为 3.6 米,残高 2 米。遗址上存碑 7 通,其中清光绪二十六年(1900)《重修兴隆山龙王庙记》、民国十二年(1923)《重修龙王庙碑记》各 1 通,其余 5 通均为残碑。庙内石姑坛前存古井 1 口。

2
1 3

1. 东郭湫龙王庙遗址远景
2. 东郭湫龙王庙遗址戏台及奎星楼遗址
3. 东郭湫龙王庙遗址奎星楼遗址

东六度西遗址

东六度西遗址位于娄烦县静游镇东六度村西北约500米处汾河的二级阶地上。采集石制品有石片、石核，石料为石英岩、石英砂岩等。地质年代为更新世晚期，文化时代为旧石器时代晚期。该遗址的发现，为研究汾河流域早期人类活动提供了新的资料。

1. 东六度西遗址采集标本
2. 东六度西遗址近景

石家河南遗址

石家河南遗址位于古交市桃园街道石家河村南约 900 米处。石制品有石片、石核,石料为砂岩、角页岩等。地质年代为更新世晚期,文化时代为旧石器时代晚期。

1. 石家河南遗址采集标本
2. 石家河南遗址近景

店头蒙山寨遗址

  店头蒙山寨遗址位于晋源区晋源街道办事处店头村东北 5000 米处。分布面积约 10180 平方米。遗址内发现大量唐代磨光布纹筒瓦、板瓦、细绳纹砖、阶条石等建筑构件,周围散置有石莲花佛像座、碑座。

店头蒙山寨遗址

古墓葬
Gumuzang

普通墓葬

常氏家族墓地

　　常氏家族墓地位于阳曲县泥屯镇傅家窑村西北约 150 米土坡上。分布面积约 2500 平方米。现地表存圆形封土堆 37 座，石牌坊 1 座。封土堆底径 1.6~2.5 米，残高 0.7~1.3 米。石牌坊为三门四柱式，上镌"常氏先茔"、"道光四年(1824)荷月立，道光二十六年(1846)重修"及"水源木本"。其西约 50 米处存砖砌碑楼一座，内嵌清道光二十六年(1846)武略骑尉常子瑞墓碑 1 通，碑文记载墓主人生平。

常氏家族墓地牌坊

范氏家族墓地

范氏家族墓地位于尖草坪区马头水乡银角村南约 500 米土坡之上。范氏为当地望族。坐南朝北,分布面积约 900 平方米。地表现存圆形墓冢 3 座, 底径 1.7~3 米, 残高 0.5~1.1 米。砖砌碑楼 1 座, 内置清道光十七年(1837)碑记, 载茔地后土之神位。石砌碑楼 3 座, 均为仿木结构石雕, 悬山顶, 内置墓碑, 两侧外壁均雕花卉图案, 立碑时间分别为清道光十七年(1837)、咸丰九年(1859)、民国十二年(1923), 并记载墓主人姓名及立碑年月。墓地周围存望柱 6 根, 其中 4 根顶部雕石狮子。该墓葬的发现, 为研究当地清代葬俗提供了实物资料。

1. 范氏家族墓地清咸丰九年(1859)墓碑
2. 范氏家族墓地茔地后土之神位
3. 范氏家族墓地远景

陈氏家族墓地

　　陈氏家族墓地位于古交市河口镇院家峁角子崖自然村东南1000米台地上。分布面积约1000平方米。地表现存封土堆8座，底径2~3米，残高0.5~2米。封土堆前置碑楼4座及供桌、香炉等。碑楼坐北朝南，均为石雕仿木结构，有悬山顶、十字歇山顶。石匾分别刻有"创业"、"裕后昆"、"福寿长"等字样，石匾下雕刻有人物图案。碑楼内均置墓碑，最早为清同治二年(1863)。

王氏家族墓地

　　王氏家族墓地位于清徐县马峪乡都沟村西北约 200 米葡萄园中。坐东朝西，分布面积约 220 平方米。地表现存封土堆 6 座，底径 2~3 米，残高约 1 米。碑楼 3 座、供桌 1 张、香炉 1 个，均为砂石质。正东碑楼下部埋入土内，可见悬山顶，内置"后土碑"，其余两碑楼均为仿木结构石雕，歇山顶，内置墓碑，两侧外壁雕花卉图案。一匾额上刻"感格"，楹联"酹孟氏之功以享以祀，念先兄之德于豆于登"；另一匾额刻"福寿"，楹联"创业维艰先父倍当辛苦，守成不易后人宜戒繁华"。立碑时间均为清光绪三年（1877）。

1 2 3

1. 王氏家族墓地全景
2. 王氏家族墓地南侧碑楼局部
3. 王氏家族墓地南侧碑楼侧景

李氏家族墓地

　　李氏家族墓地位于古交市常安乡东塔村西南约100米处。为清代家族墓地。分布面积约1000平方米。地表现存圆形封土堆10座，底径1~2米，残高约1米。石砌牌楼1座，坐东朝西，四柱三楼悬山顶。明间门上镌"李氏祖茔"，次间门上镌"水源、木本"。碑楼1座，石雕仿木结构，悬山顶。

李氏家族墓地

晟公和尚塔墓

晟公和尚塔墓位于阳曲县杨兴乡鄗都村西南山梁之上。据塔碣载,建于明弘治十三年(1500)。六角双层石塔,通高约6米。由塔基、塔身、塔刹组成。塔碣首题"墓至记□严亲教晟公古明觉灵"。塔身背部阴刻晟公和尚坐像。晟公和尚,号古明,俗姓常,阳曲高白都人,自幼舍俗于鄗都文殊寺出家,拜锦峰和尚为师。

1. 晟公和尚塔墓近景
2. 晟公和尚塔墓远景

億万峰和尚寿塔

億万峰和尚寿塔位于清徐县清源镇上固驿村南约1000米的葡萄园中。塔石质,平面八角形,通高约15.20米。塔基为双层石砌束腰须弥座,束腰部位浮雕各种花卉。塔身二层,一、二层出仰覆莲平座,塔身一层雕刻"億万峰和尚寿塔",二层雕刻"南无无量寿佛"等字样。塔顶由露盘及雕花宝珠组成。

1. 億万峰和尚寿塔局部
2. 億万峰和尚寿塔全景
3. 億万峰和尚寿塔远景

古建筑
Gujianzhu

宅第民居

新沟刘家大院

　　新沟刘家大院位于迎泽区郝庄镇新沟村新沟街。刘家祖辈苦心经商，以制作帽子起家，其后代刘瑛、刘玳步入仕途，封为"大夫第"，敕匾"望隆国柱"。发迹后，在明末清初建造宅院。坐北朝南，占地面积3290.73平方米。原建有6个院落，现只保存有3个。大院现由东院（布政院）、正院、西院组成。房屋错落有致，院院相通，有大门、二门、门楼、正房、厢房、窑洞等18栋60余间。院内石雕、砖雕、木雕随处可见，房屋梁枋上贴金彩绘、雕梁画栋。大院规模庞大，是晋商民居的代表。

新沟刘家大院平面图　　0　4　8　12 米

柏板中大街 3 号民居

　　柏板中大街 3 号民居位于尖草坪区柏板乡柏板村中。创建年代不详,现存主体结构为清代建筑。坐北朝南,四合院落布局,占地面积 330.67 平方米。中轴线上建有门楼、正房,两侧为东西房及耳房。正房砖砌台基,面宽三间,进深五椽,单檐硬山顶,六檩前廊式构架,木雕云纹花卉浮雕雀替,明间门外置门帘架,透雕云纹寿字图案,屋内梁、檩彩绘二十四孝图案,走马板上绘山水人物画,房屋内设有屏门,题"谨节勤读"。院落保存完整,木雕、彩绘保存较好,是研究北方民居的实物资料。

1. 柏板中大街 3 号民居正房屋内梁檩彩绘
2. 柏板中大街 3 号民居正房走马板上彩绘 1
3. 柏板中大街 3 号民居正房走马板上彩绘 2
4. 柏板中大街 3 号民居正房屏门
5. 柏板中大街 3 号民居正房

1 3　1. 柏板中大街 16 号民居过厅山花部分壁画
2 4　2. 柏板中大街 16 号民居过厅
5　3. 柏板中大街 16 号民居过厅屏门
　4. 柏板中大街 16 号民居过厅梁架及壁画
　5. 柏板中大街 16 号民居外景

柏板中大街 16 号民居

柏板中大街 16 号民居位于尖草坪区柏板乡柏板村中大街 16 号。创建年代不详，现存主体结构为清代建筑。坐北朝南，二进院落布局，占地面积 760.75 平方米。中轴线建有大门、过厅、正房，两侧为东西房及耳房。过厅砖砌台基，面宽三间，进深五椽，单檐硬山顶，六檩前廊式构架，柱头科三踩单翘，平身科每间二攒，明间门外置门帘架，木雕牧童、松树、葡萄等图案，厅内设屏门，梁架沥粉贴金彩绘"富贵牡丹"图案，山花部分绘人物壁画，后檐明间设廊，饰花卉图案木雕通体雀替。该民居木雕、彩绘保存较好，对研究北方民居提供了实物资料。

北社 53 号民居

北社 53 号民居,俗称郡马府,位于阳曲县高村乡北社村 53 号。创建年代不详,现存主体结构为清代建筑。坐西朝东,占地面积 460.73 平方米。原为二进院落布局,现仅存二进院。中轴线有门楼、正房,两侧有南房北房。门楼砖砌台基,后立二柱,单檐悬山顶,檐下饰有木雕瑞草动物挂落,前设板门。正房砖石台基,前半部分木构架,面宽三间,进深三椽,单坡硬山顶,明间设隔扇门,次间槛窗;后半部分为土坯窑洞。南房面宽五间,单坡硬山顶,明间设板门,次、梢间为槛窗。

1. 北社 53 号民居南房
2. 北社 53 号民居门楼

大常村振兴东街刘家宅院

　　大常村振兴东街刘家宅院位于清徐县集义乡大常村振兴东街35号。创建年代不详,现存主体结构为清代建筑。坐北朝南,原为二进院落布局,现仅存一进院及二进院门,占地面积226平方米。中轴线建有二进院门、一进院南房,两侧为东西房。一进院南房五间,正中一间为门楼,门楼上砌垛口墙;东西房各两间,砖券拱形门窗。二进院门额题"惠迪吉"。院内房屋均为平顶。

1. 大常村振兴东街35号
刘家宅院一进院内景
2. 大常村振兴东街35号
刘家宅院外景

归朝西街 17 号民居

归朝西街 17 号民居位于阳曲县泥屯镇归朝村中。创建年代不详,现存主体结构为清代建筑。坐北朝南,原为三进院布局,现存二进院,占地面积 1172.45 平方米。中轴线存二进院门楼、过厅,两侧存一进院西房、照壁及二进院东西房。二进院门楼四柱牌楼式木构架,前悬山后歇山卷棚式顶,斗栱十一踩五翘。过厅砖砌台基,面宽三间,进深五椽,单檐硬山顶,六檩前廊式构架,柱头科坐斗出异形栱,木雕花卉图案,平身科每间一攒。前檐明次间均设四扇六抹码三箭隔扇门,后檐明间设门,两次间开窗。

1 3
2

1. 归朝西街 17 号民居房屋斗栱
2. 归朝西街 17 号民居二进院内景
3. 归朝西街 17 号民居大门

黄寨村韩家宅院

　　黄寨村韩家宅院位于阳曲县黄寨镇黄寨村港道街24号。创建年代不详,现存主体结构为清代建筑。坐北朝南,三进院落布局,东西宽21.45米,南北长47.55米,占地面积744.65平方米。中轴线存南房、二进院门、正房,两侧为东西房,门开在院东南角。南房面宽三间,单檐硬山顶,明间四扇六抹隔扇,中设风门,次间槛窗斜方格图案。二进院门为四柱式木构架,单檐悬山顶,檐下斗栱平身科出45°斜栱,走马板题"蕲禄康"、"纯嘏昌",圆形门枕石。正房砖砌台基,高0.5米,面宽三间,单檐硬山顶,前带廊,装修改制。

黄寨村韩家宅院全景

贾兆村东西大街18号王家宅院

　　贾兆村东西大街18号王家宅院位于清徐县清源镇贾兆村。创建年代不详，现存主体结构为清代建筑。坐南朝北，二进院落布局。中轴线建有北房、二进院门，两侧为东西房，大门开在院西北角。大门对面墙嵌砖雕影壁，硬山顶壁顶，雕琴棋书画、喜鹊登梅及书卷等图案，壁心雕鹤鹿同春，两侧砖雕"夏雨春风家风依旧，竹芭松茂气象更新"对联。二进院东西房各五间，单坡硬山顶，墀头砖雕人物图案，平板枋上置木雕花卉垫木，梁头彩绘人物图案。该院砖雕、木雕、彩绘富有地方特色，是研究民居建筑、民俗风情的实物资料。

1. 贾兆村东西大街18号王家宅院影壁
2. 贾兆村东西大街18号王家宅院二进院东房木雕垫木
3. 贾兆村东西大街18号王家宅院二进院东房梁头彩绘
4. 贾兆村东西大街18号王家宅院外景

贾兆村东西一街 85 号赵家宅院

贾兆村东西一街 85 号赵家宅院位于清徐县清源镇贾兆村中。创建年代不详,现存主体结构为清代建筑。坐北朝南,三合院落布局,占地面积 343 平方米。中轴线上为大门、正房,两侧为东西房。大门为仿木结构砖雕垂花门,雕饰人物、葡萄、花卉等图案,门额题"谦受益"。正房五间,平顶,明间出卷棚歇山顶抱厦,额枋彩绘鱼等纹饰,檐下置异形斗栱,木雕通体雀替为博古图案,次、梢间均设砖券拱形门窗,女儿墙上砖雕葡萄等饰物。

贾兆村东西一街 101 号王家宅院

　　贾兆村东西一街 101 号王家宅院位于清徐县清源镇贾兆村。创建年代不详，现存主体结构为清代建筑。坐北朝南，二进院落布局。中轴线上为南房、二进院门、正房，两侧为东西房，大门开在院东南角。二进院门为仿木结构砖雕垂花门，雕有葡萄、花卉、狮子等图案，门额题"大受庆"。一进院东房南山墙上嵌砖雕影壁，壁顶雕葡萄，壁心雕松竹、鹤鹿同春图案。

1
2 3 4

1. 贾兆村东西一街 101 号王家宅院影壁
2. 贾兆村东西一街 101 号王家宅院外景
3. 贾兆村东西一街 101 号王家宅院正房木雕垫木
4. 贾兆村东西一街 101 号王家宅院二进院院门

南街村杨氏宅院

　　南街村杨氏宅院位于晋源区
晋源街道办事处南街村南大街仓
巷 14 号。原为当地乡绅杨氏宅
院，杨氏祖辈做官经商，清末先后
建三进院落。坐北朝南，占地面
积 1026 平方米。中轴线存南房、
二、三进院门，两侧为各院东西厢
房。院门与大门或单坡硬山顶或
悬山顶，檐下均施木构斗栱或木
雕花罩，墀头雕饰精美。门侧墙
壁均施各种砖碣图案。整座宅院
建筑考究，砖雕、木雕制作精细，
对研究太原地区的乡土建筑提供
了实物资料。

1 2 3
4
5

1. 南街村杨氏宅院院门
2. 南街村杨氏宅院二进院门斗栱
3. 南街村杨氏宅院一进院东房山墙影壁砖雕
4. 南街村杨氏宅院二进院门
5. 南街村杨氏宅院二进院门背面

平泉村王家楼院

　　平泉村王家楼院位于清徐县清源镇平泉村唐槐街87号。创建年代不详,现存主体结构为清代建筑。坐西朝东,二进院落布局,占地面积483平方米。中轴线存一进院东房、楼,两侧仅存二进院南房、耳房。楼砖石砌筑,三层三室结构,楼内每层设木制楼梯通向上层,从下往上收分明显。楼基九层条石砌筑,一层辟砖券圆拱形门,二层、三层开窗,楼顶四面设女墙。

平泉村王家楼院楼正面

三畛楼底街 6 号民居

　　三畛楼底街 6 号民居位于阳曲县大盂镇李家沟村三畛自然村楼底街 6 号。创建年代不详,现存主体结构为清代建筑。坐北朝南,三合院布局,占地面积 337.13 平方米。中轴线有正房二层,两侧仅存西房。正房为二层建筑,一层砖砌台基,砖砌窑洞 5 孔,明间设隔扇门,次间为槛窗。二层阁楼为砖木结构,面宽三间,进深五椽,单檐硬山顶,六檩前廊式构架,明、次间均设隔扇门,前檐廊下设有木制栏杆。

三畛楼底街 6 号民居院内景

王郭村张家宅院

　　王郭村张家宅院位于晋源区晋祠镇王郭村中。创建年代不详，现存主体结构为清代建筑。坐北朝南，二进院落布局，占地面积869.94平方米。中轴线建有南房、二进院门、正房，两侧为东西房，大门开在院落西南角。大门为随墙门，外出单檐歇山顶抱厦，走马板题"师俭"。二进院门木结构，单檐悬山顶，前后出抱厦，三踩单昂斗栱，走马板题"怀永阁"，两侧设影壁墙。正房砖砌台基，面宽五间，平顶，女儿墙砖雕云纹、葡萄、花卉等图案。明间前檐设卷棚歇山顶抱厦，五踩双昂斗栱。

1. 王郭村张家宅院二进院内景
2. 王郭村张家宅院外景

王吴吴家宅院

　　王吴吴家宅院位于小店区刘家堡乡王吴村东大门 25 号。创建年代不详，现存主体结构为清代建筑。坐北朝南，二进院落布局，占地面积 754 平方米。中轴线建有南房、二进院门和正房，两侧为一、二进院东西房。南房正中辟随墙门，单坡硬山顶，额枋、栱眼壁均施彩绘，斗栱三踩单昂，墀头砖雕香炉图案，走马板题"愿闻过"。二进院门走马板为杨二西书"有竹居"，门外两侧建有影壁墙，浮雕梅、兰图案，并配有《兰亭序》诗文。正房五间，平顶，前檐顶部加设女儿墙，浮雕葡萄等图案，明间前出卷棚歇山顶抱厦，斗栱三踩单昂，额枋及栱壁眼施贴金彩绘。为典型的北方民居。

1. 王吴吴家宅院二进院门杨二西题字匾额
2. 王吴吴家宅院外景
3. 王吴吴家宅院正房近景

西六度一号民居

西六度一号民居位于娄烦县静游镇西六度村内。创建年代不详，现存主体结构为清代建筑。院依地势而建，坐西朝东，由上、下院落及偏院组成，占地面积 2225 平方米。中轴线存下院正房、绣楼、上院正房，两侧存上院南、北房、院门及耳房，偏院位于上院北侧。下院正房 5 孔砖砌窑洞，出檐部施斗栱，前檐部雕有花草、人物、动物等砖雕图案。绣楼建于下院正房之上，面宽三间，进深五椽，单檐硬山顶，明间设六抹隔扇门，次间四抹隔扇槛窗，前檐廊部设有雀替，雕有龙形图案。为典型的黄土高原民居建筑。

1. 西六度一号民居上院正房砖雕斗栱
2. 西六度一号民居绣楼
3. 西六度一号民居侧景
4. 西六度一号民居下院正房砖雕斗栱

小泉沟庙东大街 27 号民居

　　小泉沟庙东大街 27 号民居位于阳曲县大盂镇大泉沟村小泉沟自然村庙东大街 27 号。创建年代不详,现存主体结构为清代建筑。坐北朝南,四合院布局,占地面积 426.4 平方米。中轴线有正房,两侧为东西房,门楼建在东南角。大门外东侧有砖雕照壁 1 座,壁心雕鹤鹿同春图。

| 1 | 4 | 5 | 1. 张花乔家宅院大门走马板题字 |
|---|---|---| |

2. 张花乔家宅院大门近景

3. 张花乔家宅院正房近景

4. 张花乔家宅院正房窗棂

5. 张花乔家宅院东房侧景

6. 张花乔家宅院大门背部

1 2 1. 小泉沟庙东大街 27 号民居照壁局部

2. 小泉沟庙东大街 27 号民居照壁全景

1 4 5 　1. 张花乔家宅院大门走马板题字
2 　　 　2. 张花乔家宅院人门近景
3 　 6 　3. 张花乔家宅院正房近景
　　　　　4. 张花乔家宅院正房窗棂
　　　　　5. 张花乔家宅院东房侧景
　　　　　6. 张花乔家宅院大门背部

张花乔家宅院

　　张花乔家宅院位于小店区北格镇张花村繁华南街 11 号。创建年代不详,现存主体结构为清代建筑。坐北朝南,三合院落布局,占地面积 471 平方米。中轴线建有大门、正房,两侧为东西房。大门为砖木结构随墙门,前后出檐,前檐额枋彩绘山水图案,梁头高浮雕花纹,走马板题"翠竹轩",门侧立有石狮抱鼓石。门内两侧建有影壁墙,东侧砖匾题"寿山",壁侧阳刻"孝第忠信礼义廉耻",西侧题"福海"及"读圣贤书行仁义事"。正房五间,平顶,额枋浮雕动物图案,门窗装饰步步锦和套方纹样。东西房各十间,均为平顶,额枋上亦施彩绘,墀头砖雕瑞兽,窗棂装饰套方纹样,另雕刻"梅、兰、竹、菊"字样。

坛庙祠堂

录古咀卧龙堂

　　录古咀卧龙堂位于阳曲县黄寨镇录古咀村中部。创建年代不详,现存主体结构为明清建筑。坐北朝南,二进院落布局,占地面积586平方米。中轴线有戏台基址、献殿、卧龙殿,两侧为一、二进院东西配殿,东南隅有古井1口。献殿面宽三间,进深四椽,单檐硬山顶,装修改制。卧龙殿面宽三间,进深五椽,单檐悬山顶,六檩前廊式构架。柱头科异形斗栱,平身科每间二攒。

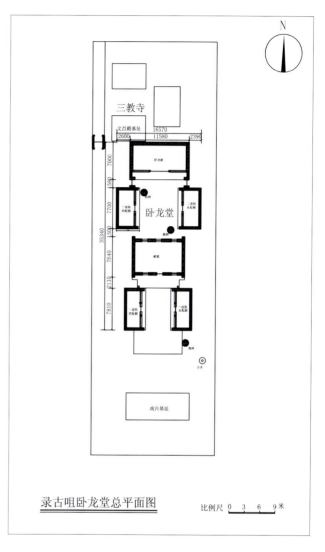

录古咀卧龙堂总平面图

比例尺 0　3　6　9米

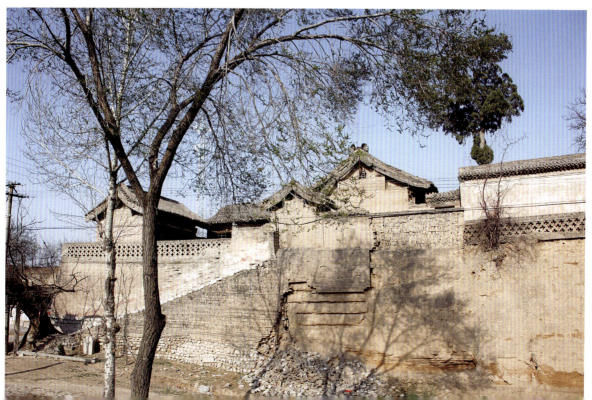

1 2 4
3 5

1. 录古咀卧龙堂二进院卧龙殿斗栱
2. 录古咀卧龙堂一进院卧龙殿梁架题记
3. 录古咀卧龙堂二进院卧龙殿
4. 录古咀卧龙堂总平面图
5. 录古咀卧龙堂外景

杨家村关帝庙

　　杨家村关帝庙位于晋源区晋祠镇杨家村中。创建年代不详,现存主体结构为清代建筑。坐西朝东,一进院落布局,占地面积 405.9 平方米。中轴线建有山门、正殿,两侧耳房为新建。正殿石砌台基,面宽三间,进深五椽,单檐硬山顶,六檩前廊式构架,装修改制。殿内两侧山墙及后墙上绘三国故事壁画约 55 平方米,保存完好。殿前廊立有清乾隆三十年(1765)"新建关帝庙、真武庙、文昌阁碑"1 通。院中存古槐 1 株。

堡山龙王庙

堡山龙王庙位于万柏林区王封乡堡山村。始建年代不详,据殿前《重修龙王庙碑记》碑载,清乾隆三十九年(1774),曾重修,现存主体结构为清代建筑。坐西朝东,占地面积为22.61平方米。仅存正殿,石砌台基,面宽三间,进深三椽,单檐硬山顶,四檩前廊式构架,檐下斗栱一斗二升。殿内后墙和两山上绘有龙王施雨壁画。

1 1. 堡山龙王庙正殿壁画
2 2. 堡山龙王庙全景

西沟龙王庙

　　西沟龙王庙位于古交市马兰镇西沟村北。创建年代不详，据碑载，清乾隆五十七年(1792)重修。坐北朝南，一进院落布局，占地面积330.66平方米。中轴线有戏台、正殿，两侧仅存钟楼。戏台石砌台明，高1.5米，面宽三间，进深五椽，卷棚硬山顶，六檩式构架，两侧有八字墙。正殿石砌台明，面宽三间，进深五椽，单檐硬山顶，六檩前廊式构架。明间设四扇六抹隔扇门，次间设槛窗，斗栱一斗二升。

成子张氏祠堂

　　成子张氏祠堂位于清徐县柳杜乡成子村大街北。坐东朝西,占地面积 95 平方米。据清道光十二年(1832)《张户祠堂记》碑载,始建于清嘉庆年间(1796—1820),道光、同治年间曾有修葺。仅存祭堂,面宽五间,进深六椽,单檐硬山顶,七檩卷棚式构架,明次间设六抹隔扇门,梢间置槛窗。

1. 成子张氏祠堂祭堂梁架
2. 成子张氏祠堂祭堂正侧面

东黄水红化坛

　　东黄水红化坛位于阳曲县东黄水镇东黄水村东南隅。创建年代不详,现存主体结构为清代建筑。坐北朝南,一进院布局,占地面积508平方米。中轴线建有山门、正殿,两侧为东西厢房。山门面宽五间,进深四椽,单檐硬山顶,明间辟为门道,前檐出悬山顶抱厦,三踩斗栱,石鼓柱础,设板门。正殿石砌台基,面宽三间,进深五椽,单檐悬山顶,六檩前廊式构架,额枋施贴金彩绘。前檐各间均设四扇六抹隔扇门。殿内梁架彩绘人物和花草图案,殿后正中设小木作佛阁,垂花柱式悬山顶,七踩三昂斗栱,栱件及檐柱间雀替均为镂雕花草图案。

1. 东黄水红化坛正殿木阁雀替
2. 东黄水红化坛正殿木阁
3. 东黄水红化坛山门局部
4. 东黄水红化坛侧景

西怀远村圣母庙

　　西怀远村圣母庙俗称"娘娘庙"，位于清徐县徐沟镇西怀远村北。创建年代不详，现存主体结构为清代建筑。坐北朝南，二进院落布局，占地面积616平方米。中轴线有山门、正殿，两侧为钟鼓楼及东西厢房、配殿、耳房。山门面宽三间，进深四椽，前重檐悬山后单檐悬山顶，五踩双斜昂斗栱。明间设门，两次间设砖雕影壁，雕刻"朱敬庵先生敬斋箴□"文，两侧设鹤鹿同春图案八字砖雕影壁。正殿砖砌台基，面宽三间，进深五椽，单檐悬山顶，六檩前廊式构架，五踩双昂斗栱。前檐明间出歇山顶抱厦，柱头科五踩双斜昂转角斗栱，透雕龙形耍头。殿内山墙上存壁画22平方米。

```
2
1 3
```
1. 西怀远村圣母庙山门
2. 西怀远村圣母庙外景
3. 西怀远村圣母庙内景

牌坊影壁

芳林寺牌楼

　　芳林寺牌楼位于晋源区晋祠镇晋祠社区晋祠公园东大门广场。该牌楼原为迎泽区郝庄乡马庄村芳林寺内牌楼,1985年迁建于晋祠公园。创建年代不详,现存为明代建筑。坐西朝东,占地面积为177.19平方米。牌楼四柱三楼,方形夹杆石和戗木支撑红柱,庑殿顶,正楼最高,次楼向左右伸展,黄绿琉璃瓦覆盖。

<table>
<tr><td>2</td><td>1. 芳林寺牌楼上部侧景</td></tr>
<tr><td>1 3</td><td>2. 芳林寺牌楼背面近景</td></tr>
<tr><td></td><td>3. 芳林寺牌楼正面远景</td></tr>
</table>

亭台楼阙

米峪镇村戏台

　　米峪镇村戏台位于娄烦县米峪镇乡米峪镇村东北 430 米处。创建年代不详，现存主体结构为清代建筑。坐东朝西，占地面积 77 平方米。戏台台基高 1.75 米，面宽三间，进深五椽，卷棚歇山顶。斗栱为一斗二升交麻叶，卷云形耍头，明间柱头之上施大额枋。梁架施有彩绘，山墙内侧施有壁画。

米峪镇村戏台

石槽戏台

石槽戏台位于阳曲县杨兴乡石槽村北部。创建年代不详，现存主体结构为清代建筑。坐南朝北，占地面积 69 平方米。戏台石砌台基，高 1 米，面宽三间，进深四椽，卷棚悬山顶。前檐柱承大额枋，一斗二升斗栱。前檐明间柱外移，稍显宽敞。前台两侧设八字影壁墙。前后台间木隔断彩绘人物等图案。

1. 石槽戏台梁头
2. 石槽戏台隔断彩绘
3. 石槽戏台侧景

寺观塔幢

磨水山白云寺

　　磨水山白云寺位于阳曲县泥屯镇杨家井村西约 2500 米的磨水山上。创建年代不详，现存主体结构为清代建筑。白云寺由山神庙、土地庙、磨水庙三座庙组成，由低而高呈"品"字形分布。山神庙位于磨水山半山腰，依山崖而建，坐北朝南，石砌台基，面宽三间，进深三椽，单檐硬山顶，四檩前廊式构架，内存塑像 5 尊；土地庙位于山神庙西约 70 米处，坐西朝东，石砌窑洞 3 孔，墙厚 1.2 米，门拱券之上雕刻鹤衔莲花图案；山神庙北约 100 米为磨水庙，坐北朝南，依山而建，正殿已毁，现存东西两侧窑洞及正殿两侧窑洞，窑洞均为石砌，其中正殿东侧窑洞门额上存清康熙六年(1667)题记。庙内存砂石质香炉 1 座，清及民国重修碑 4 通。庙东侧石壁上存高 7.3 米、宽 3.4 米摩崖石刻 1 方。

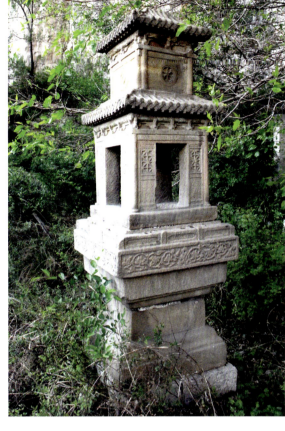

 2 3
1 4

1. 磨水山白云寺摩崖石刻
2. 磨水山白云寺土地庙
3. 磨水山白云寺香炉
4. 磨水山白云寺山神庙远景

天龙山观音塔

　　天龙山观音塔位于晋源区晋祠镇柳明苑村五坡自然村天龙山圣寿寺东约 1500 米处。为清代喇嘛式砖塔。坐北朝南，占地面积 154 平方米。塔基方形，八角形须弥座；塔身覆钵体，南向辟拱形塔门，内设佛台，其上为十三天。塔刹置圆形铜盘。

1	1. 天龙山观音塔塔座石雕
2 3	2. 天龙山观音塔塔身局部
	3. 天龙山观音塔

海子边琉璃塔

  海子边琉璃塔位于迎泽区柳巷街道办事处海子边西街社区儿童公园南湖东岸的假山上。为清至民国太原著名的园林新美园内建筑,1959年迁于当时的人民公园内。圆形石砌塔基,六边形束腰塔座。塔身十二层,通体为绿琉璃,高约2米,平面呈六边形,塔刹置圆形铜盘。

海子边琉璃塔

桥涵码头

程家峪桥

　　程家峪桥，俗称"龙桥"，位于晋源区晋源街道办事处程家峪村南。清代建造，为该村通往外界的主干路之一。单孔石拱桥，南北走向，长约 10 米，宽3.6 米，两端跨座落在自然岩体上，条石铺置桥面，北侧有石砌台阶。

1. 程家峪桥侧景
2. 程家峪桥近景

池塘井泉

圪垛下村水井

　　圪垛下村水井位于万柏林区王封乡圪垛下村。据井亭内碑记载，水井凿于清代。坐北朝南，占地面积 18.36 平方米。井上建石券窑洞式井亭，内有水井 1 口，井口直径 0.58 米，厚 0.18 米，距水面约 20 米左右，其上有辘轳。亭内存清嘉庆十年(1805)碑，记载了券建井亭等事宜。井亭外尚存洗衣用的石盆。

3
1 2 4

1. 圪垛下村水井石碑
2. 圪垛下村水井洗衣石槽
3. 圪垛下村水井井口
4. 圪垛下村水井井亭

堤坝渠堰

风峪沟堤堰

  风峪沟堤堰位于晋源区晋源街道办事处店头村风峪沟。石堰始筑于明代,历经数次修筑,近现代仍有修茸。明知府黄卿《重修记》载"太原邑治,占古埔之南古埔陆⋯⋯正德初,始筑石堰障湟潦,俾东北流,注汾河",主要用于将风峪沟内山洪引出太原县城,防止水患。据史料及实地勘察,此段石堰从风峪沟口太山寺脚下起,至罗城桥结束,全长2610米。外部砌筑护堤。北岸借用原有山崖为岸。

 1. 风峪沟堤堰残存段 1
2. 风峪沟堤堰残存段 2
3. 风峪沟堤堰残存段 3
4. 风峪沟堤堰远景

圪垛范氏油坊

  圪垛范氏油坊位于万柏林区王封乡圪垛村西北。范氏祖上从清代开始经营榨油作坊,以制作麻油为主,周围几十里村民食用油均由此作坊供应。坐北朝南,占地面积156.66平方米。依地势高低而券建,分上下两层,均为石券窑洞,下层石券窑洞内保存有灶台、油瓮、杵、油槽、双碾、漏斗、提、称等传统的原始工具。上层石券窑洞5孔,保存有风扇车等工具。

1. 圪垛范氏油坊下层
2. 圪垛范氏油坊榨油工具
3. 圪垛范氏油坊上层

福和厚店铺

　　福和厚店铺位于尖草坪区向阳镇向阳村龙天庙巷15号。向阳镇历史悠久，自古是通往晋西北八县的交通枢纽，清代至1941年，村西十字大街为集镇所在地，店铺108家，每逢三六九赶集贸易，以粮食、牲畜交易为主，有"驮不完的静乐县，填不满的向阳店"之称，是闻名遐迩的古老集镇，现村内仍保留有许多传统民居，正大街上尚存部分店铺旧址，福和厚即为其中商铺之一。店铺为向阳村点心店名称，始于清代晚期，沿街房屋为商铺，其余房屋为点心作坊和居住场所。坐北朝南，东西两院组成，占地面积880.6平方米。南房面宽十一间，平顶，前带廊，为沿街商铺。

2
1 3

1. 向阳福和厚店铺旧址西院全景
2. 向阳福和厚店铺旧址店铺远景
3. 向阳福和厚店铺旧址全景

其他古建筑

1. 店头古村落窑洞内景
2. 店头古村落窑洞一层
3. 店头古村落远景

店头古村落

店头古村落位于晋源区晋源街道办事处风峪沟北店头村。村落依蒙山山势而建,背山面水,紧邻古晋阳通往陕甘宁的交通要道。村内街巷纵横,基本保持了原有格局风貌。分布面积约 4.5 万平方米。民居呈明清建筑风格。院落为窑洞式四合院,窑洞石砌,或单层,或上下两层,下层窑洞多有暗道相通,洞中有水道、石磨房、仓库等,结构独特,防御功能突出。2011 年店头古村落被评为中国历史文化名村。

4 5
6　4.店头古村落窑洞近景

5.店头古村落窑洞内石碾

6.店头古村落近景

石窟寺及石刻

Shikusi Ji Shike

石窟寺

千佛洞石窟

　　千佛洞石窟位于晋源区晋祠镇柳明苑村五坡自然村天龙山山脚河滩北岸。明代石窟。现存4窟,东西向排列。坐北朝南,平面呈纵长方形,平顶,造像题材有佛教、道教人物。1窟雕文殊、普贤、观音菩萨及十六罗汉像,2窟雕佛像7尊,3窟雕道教元始天尊及侍者像。

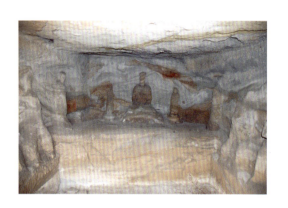

1. 千佛洞石窟第3窟
2. 千佛洞石窟远景

石庄头石窟

　　石庄头石窟位于晋源区金胜镇石庄头村山梁上。石窟开凿在一块崖壁上。始凿于北齐，原为石雕像，明代用泥上塑一层泥衣。由北向南存4窟。第一窟无像。第二窟平面方形，塑像为石胎泥塑，彩绘剥落，龛檐部装饰为垂带，中饰莲花，窟顶有云纹彩绘。第三窟塑像为石胎泥塑，塑像后背光装饰，窟顶彩绘，剥落严重。第四窟窟内无塑像，淤泥严重。

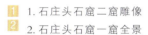
1. 石庄头石窟二窟雕像
2. 石庄头石窟一窟全景

摩崖石刻

凌井沟摩崖造像

　　凌井沟摩崖造像位于西凌井乡西凌井村 7 千米凌井沟内东侧崖壁之上。为清代作品。造像雕于坐东朝西的拱形石龛内，高 0.8 米，宽 0.8 米，深 0.3 米。龛内雕一佛二弟子一侍者，佛结跏趺坐于方座之上，面相圆润，双耳垂肩，目微闭，鼻宽口阔，额头以上缺失。两侧弟子侍立，北侧另立有侍者，着裙。

凌井沟摩崖造像

近现代重要史迹
及代表性建筑

Jinxiandai Zhongyao Shiji
Ji Daibiaoxing Jianzhu

清太徐县抗日政府旧址

清太徐县抗日政府旧址位于清徐县东于镇洛池渠村南。抗日战争时期,清徐为双重政权。1938年中国共产党领导的清(源)、太(原)、徐(沟)抗日民主县政府成立,地点设在洛池渠村,属晋绥边区第八专署。同年6月,建立抗日民族统一战线,县政权由阎锡山第八行政专员公署接管。在联合政府领导下,当地人民群众积极进行抗日。旧址建于1939年,坐北朝南,东西长37米,南北宽28米,占地面积822平方米。由东院和西院组成。西院依坡地而建,为二进院落布局。正房7孔窑洞式,平顶。东院为一进院落布局,正房面宽七间,平顶。

清太徐县抗日政府旧址

中共阳曲县委员会旧址

　　中共阳曲县委员会旧址位于阳曲县黄寨镇黄寨村大街 15 号。原为当地刘氏民宅，1948 年 11 月 3 日至 1953 年为中共阳曲县委办公场所。原中共中央主席、中共中央军委主席华国锋同志曾于 1948 年 11 月至12 月担任阳曲县县委书记，在此办公、居住。旧址坐北朝南，二进院落布局，占地面积 1386.72 平方米。正房为原中共阳曲县委办公场所。二进院上西房为华国锋同志居住场所，上东房为武装部办公场所。

中共阳曲县委员会旧址二进院院内景

上兰张公馆旧址

上兰张公馆旧址位于尖草坪区上兰街道办事处上兰村南。由张维卿兴建。张维卿，字直君，清朝末年毕业于士官学校，骑兵科举人，曾先后担任山西省督军府军械局局长、平太铁路运输中将司令、绥靖公署参议等职务。张公馆建于1906年，1909年完工。坐北朝南，由中、东、西三院组成，占地面积1261.98平方米。院门设于中院，院南部东西设门通向东西院，中院西房内有地道与西院西房相通。

2 1. 上兰张公馆旧址中院内景
1 3 2. 上兰张公馆旧址院外景
     3. 上兰张公馆旧址

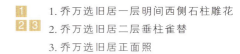

1. 乔万选旧居一层明间西侧石柱雕花

2. 乔万选旧居二层垂柱雀替

3. 乔万选旧居正面照

乔万选旧居

　　乔万选旧居位于清徐县东湖街道办事处西关村市楼西街9号。乔万选(1896~1938)，又名乔德符，清源西关人。年轻时留学美国，获法学、哲学双博士学位。熟悉旧法律，精于国际法学，对英语有较深造诣，曾任山西省立国民师范学校校长、上海法院首席检察官，汪伪政权司法部次长、高等法院院长、驻德大使、四川农大教授。旧居中西合璧建筑风格，坐北朝南，占地面积804平方米。正房二层楼阁式建筑，一层为西式砖混结构建筑，二层为中式木构建筑。旧居为民国时期中西结合建筑风格的实例。

马文蔚旧居

　　马文蔚旧居位于阳曲县黄寨镇黄寨村港道街。马文蔚(1904~1988)，字嶥苦，阳曲县黄寨村人，出身于农民家庭，1925年毕业于山西省立国民师范并留师范附小任教，后考入南京中央大学，1930年初任阎锡山驻南京第三政府监察员秘书，此后经傅作义介绍，投入上海金融界，任国民党中央造币厂审查委员会文书副主任，在此期间结识景梅九先生，深受启发，开始练习书法。1942年任国民党中央信托局人事处甄核主任。解放后，由薄一波推荐进入中国人民银行工作，并为人民币票面题"中国人民银行"，"壹、贰、伍、拾、圆、角、分"字样。旧居坐西朝东，四合院落布局，占地面积563.92平方米。存正房及南北房、东房、北耳房。

花桐年故居

花桐年故居位于清徐县东于镇东于村花家街2号。花桐年生卒年代不详,祖籍清徐县东于村。花桐年从小生长于此,后随父到祁县经商,曾被推举为祁县商会会长。故居坐北朝南,二进院落布局,占地面积510平方米。中轴线有大门、二进院门、正房,两侧依次为一、二进院东西房。为典型的晋商民居院落。

3　1. 花桐年故居大门

1 2 4　2. 花桐年故居外景

　　3. 花桐年故居一进院内景

　　4. 花桐年故居正房门头窗

传统民居

常丰王氏宅院

　　常丰王氏宅院位于清徐县柳杜乡常丰村。创建年代不详，现存主体结构为民国建筑。坐西朝东，三合院落布局，占地面积404平方米。中轴线有正房，两侧为南北房，大门建在院落东北隅。正房砖砌台基，面宽五间，平顶，梁枋上饰木雕和山水人物彩画。大门为砖砌仿木垂花门，额枋上雕刻葡萄等纹饰，雀替、椽飞、瓦垄俱备，门檐上悬挂砖雕"耕读第"匾额。

1. 常丰王氏宅院大门砖雕匾额
2. 常丰王氏宅院院内景
3. 常丰王氏宅院大门

1	2	1. 东于村王家宅院大门近景
3	4	2. 东于村王家宅院外景
		3. 东于村王家宅院二进院内景
		4. 东于村王家宅院二进院门东侧影壁

东于村王家宅院

东于村王家宅院位于清徐县东于镇东于村阁儿路 10 号。创建年代不详，现存主体结构为民国建筑。坐北朝南，二进院落布局，占地面积 578 平方米。中轴线有门楼、二进院门楼、正房，两侧依次为一、二进院东西房。大门外出檐，单檐硬山顶，门头板题"荷天休"三字。二进院门楼为两柱牌楼式门，单檐悬山顶，七踩三昂斗栱，门头板上书"□到雲來"四字。门两侧有影壁，雕有松鹤图案。正房为二层楼阁，面宽五间，进深四椽，单檐硬山顶，前出抱厦悬山顶，斗栱一斗二升，出跳为异形栱。一层砖拱券门窗，二层槛窗。

贾兆村东西大街 20 号贾家宅院

　　贾兆村东西大街 20 号贾家宅院位于清徐县清源镇贾兆村。创建年代不详,现存主体结构为民国建筑。坐南朝北,二进院落布局,占地面积 341 平方米。中轴线建有大门、过厅和阁楼,两侧为门房和西房。过厅三间,单檐硬山顶,前檐墙开砖券拱形门窗,后门门额上书有郑廷辑题的"诗礼家声"。二进院建有阁楼一座,二层砖木结构,单坡硬山顶,石券拱形门楣、窗楣,窗棂为步步锦纹样。楼内东侧有木楼梯连通二楼。

贾兆村东西大街 20 号贾家宅院阁楼近景

1. 贾兆村东西一街 115 号石家宅院外景
2. 贾兆村东西一街 115 号石家宅院大门匾额
3. 贾兆村东西一街 115 号石家宅院大门近景

贾兆村东西一街 115 号石家宅院

　　贾兆村东西一街 115 号石家宅院位于清徐县清源镇贾兆村。创建年代不详，现存主体结构为民国建筑。坐北朝南，三合院落布局，占地面积 312 平方米。中轴线建有大门、正房，两侧为东西房。大门为砖雕仿木结构，单檐硬山顶，斗栱三踩单昂，栱眼壁及枋间浮雕花草图案，砖雕匾额书"凝瑞气"，门额题"敦我伦"。正房五间，平顶，垫木雕刻花卉图案，明间设风门，次、梢间置支摘窗，棂心为码三箭纹样，横陂窗为套方造型。东西房各五间，均为单坡硬山顶，墀头砖雕瑞兽及花卉图案。

1. 晋祠南堡杨家宅院二进院门
2. 晋祠南堡杨家宅院正房明间局部
3. 晋祠南堡杨家宅院外景

晋祠南堡杨家宅院

　　晋祠南堡杨家宅院位于晋源区晋祠镇晋祠村南堡街 7 号。创建年代不详，现存主体结构为民国建筑。坐东朝西，二进院落布局，占地面积 685.30 平方米。中轴线上建有西房、二进院门、正房，两侧为南北房，大门开在院东南角。二进院门为木结构垂花门，门头板题"乐天伦"，两侧建砖雕影壁。正房砖砌台基，面宽五间，半顶，前带廊，明间四扇八抹隔扇门，套方图案，门头板书"脉通凤山"，次梢间槛窗套方图案，木雕寿字、云纹雀替。

柳湾村张家宅院

　　柳湾村张家宅院位于清徐县西谷乡柳湾村长安一街 10 号。创建年代不详,现存主体结构为民国建筑。坐北朝南,三合院落布局,占地面积 203 平方米。中轴线建有大门,两侧为东西房。大门石鼓柱础,通间雀替透雕人物、香炉、琴棋书画等图案,柱头施大额枋,斗栱三踩单昂,由额垫板透雕花草图案。门内两侧各有影壁 1 座,浮雕动物图案,并施彩绘。东西房各五间,均为平顶,墀头砖雕香炉图案。

123 1. 柳湾村张家宅院大门
4 2. 柳湾村张家宅院大门雀替局部
3. 柳湾村张家宅院大门内侧西侧影壁近景
4. 柳湾村张家宅院东房近景

1 3
2 4

1. 南郑张氏宅院正房阁楼梁架
2. 南郑张氏宅院过厅
3. 南郑张氏宅院正房阁楼
4. 南郑张氏宅院正房

南郑张氏宅院

　　南郑张氏宅院位于阳曲县黄寨镇南郑村中部。创建年代不详,现存主体结构为民国建筑。坐北朝南,二进院布局,占地面积410平方米。一进院已毁,现中轴线上存过厅、正房,两侧东西房。过厅面宽三间,进深四椽,单檐硬山顶,五檩前廊式构架,石鼓柱础石高浮雕花卉,平板枋上置木雕花栱。正房为二层阁楼式建筑,一层3孔窑洞,内有楼梯可上二层。二层砖木结构,面宽三间,进深五椽,单檐硬山顶,六檩前廊式构架。柱头科一斗二升交蔴叶,六抹隔扇门。

清德铺村赵家宅院

　　清德铺村赵家宅院位于清徐县徐沟镇清德铺村南。创建年代不详,现存主体结构为民国建筑。坐西朝东,四合院落布局,占地面积 578 平方米。中轴线有东房、正房,两侧有南北房。正房面宽三间,进深四椽,单檐硬山顶,五檩无廊式,明间出悬山卷棚顶抱厦,五踩双昂斗栱,屋内设有木隔断,雕套方、步步锦图案。南北房面宽五间,进深三椽,四檩无廊式,单坡硬山顶。北房墀头雕有花卉、寿字图案。

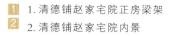 1. 清德铺赵家宅院正房梁架
2. 清德铺赵家宅院内景

1 2 3
4

1. 摄乐一号民居大门石雕——"宁静"
2. 摄乐一号民居大门石雕——"淡泊"
3. 摄乐一号民居院门匾额——"求无逸"
4. 摄乐一号民居外景

摄乐一号民居

摄乐一号民居位于尖草坪区柴村街道办事处摄乐村。为民国时期建筑。坐西朝东，二进院及南北偏院布局，占地面积1223平方米。中轴线建有东房、正房，两侧为南北房及南北偏院，大门开在院东北角。该院二进院为一四合院，房屋门窗拱券上题"静以修身俭以养德"、"入则笃行出则友贤"、"容貌必要正大老成"、"求医药莫若养性情"、"护体面不如重廉耻"、"勤能补拙"、"俭可养廉"等体现儒家文化内涵的题刻楹联，多集自清金缨《格言联璧》一书。该院结构完整，建筑装饰精致，楹联匾额凸显儒家文化特色，是不可多得的乡土建筑佳作。

摄乐一号民居平面图

比例尺

5. 摄乐一号民居平面图
6. 摄乐一号民居影壁
7. 摄乐一号民居内景

13. 摄乐一号民居东房
14. 摄乐一号民居东房廊额
　　——"入则笃行出则友贤"
15. 摄乐一号民居东房楹联
　　——"齐庄中正
　　　　贫贱似敝衣若勤俭斯能脱卸
　　　　富贵如传舍惟谨慎可得久居"

16 16. 摄乐一号民居南房匾额——"求医药莫若养性情"

17 17. 摄乐一号民居南房匾额——"勤能补拙"

18 18. 摄乐一号民居南房匾额——"护体面不如重廉耻"

19 19. 摄乐一号民居南房

20 20. 摄乐一号民居北房匾额——"容貌必要正大老成"
21 21. 摄乐一号民居北房匾额——"俭可养廉"
22 22. 摄乐一号民居北房匾额——"心术务须光明笃实"
23 23. 摄乐一号民居北房

西街村小西街 32 号民居

　　西街村小西街 32 号民居位于晋源区晋源街道办事处西街村小西街 32 号。创建年代不详，现存主体结构为民国建筑。房主父辈王文喜曾在晋源西门外开酒坊。坐南朝北，四合院布局，占地面积 525 平方米。中轴线有正房、北房，两侧有东西厢房各三间。正房面宽五间，明间施单檐卷棚歇山顶抱厦，三踩斗栱。正房前两侧院墙有"福"字影壁。西厢房山墙上有"寿"字影壁，雕刻有"百寿图"、"喜鹊登梅"等。

1	2
3	

1. 西街村小西街 32 号民居外景
2. 西街村小西街 32 号民居影壁
3. 西街村小西街 32 号民居内景

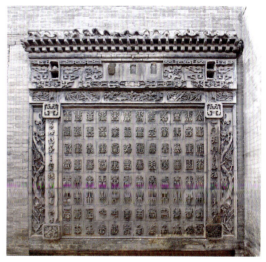

宗教建筑

枣元头天主堂

枣元头天主堂位于晋源区姚村镇枣元头村中部。建于民国六年(1917)。坐东朝西,平面呈长方形,占地面积730平方米。天主堂为哥特式建筑风格,钟楼高耸挺拔,门窗尖拱形。

1 2　1. 枣元头天主堂背部侧景
　　　2. 枣元头天主堂远景

姚村天主堂

　　姚村天主堂位于晋源区姚村镇姚村村中。民国十二年(1923)建成。坐西朝东，平面呈长方形，占地面积606平方米。哥特式建筑风格，耸立的钟楼四周置锥形塔柱，拱形门窗。圣堂内有祭台、跪凳等礼拜设施。

1. 姚村天主堂近景
2. 姚村天主堂侧景

王家垴天主堂

　　王家垴天主堂位于阳曲县侯村乡黄道沟村王家垴自然村中。民国十九年(1930)开始修建,民国二十六年(1937)竣工。坐北朝南,占地面积188.47平方米。罗马式建筑风格,平面呈长方形,楼立面正中为三层,顶层为钟楼。

王家垴天主堂全景

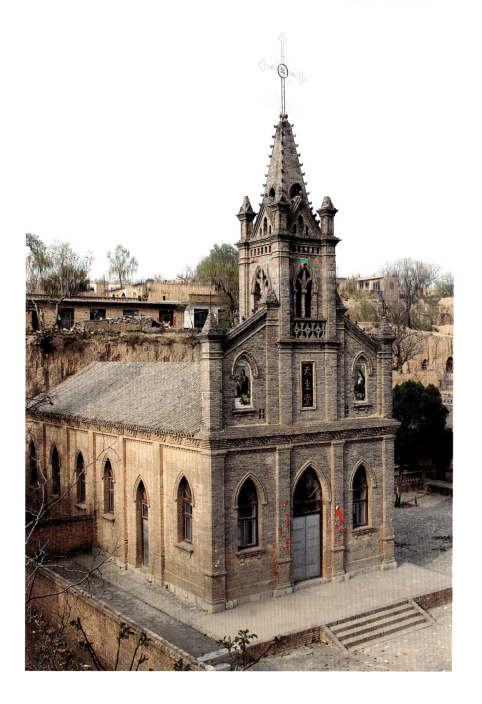

工业建筑及附属物

西北炼钢厂旧址

　　西北炼钢厂旧址(2号高炉)位于尖草坪区尖草坪街道办事处尖草坪街2号太原钢铁集团有限公司厂区内。西北炼钢厂是太钢的前身，1932年6月创建。2号高炉建于1934年，容积为287立方米，旁有热风炉与其相连。高炉1934年动工兴建，1940年正式投产，历经7代大修，是太钢服役年代最长、历史最悠久的高炉，2007年9月4日7点40分停炉。该高炉是研究近代炼钢设备及技术的重要实物资料，也是全国仅存的几座民国时期高炉。

1. 西北炼钢厂旧址2号高炉局部
2. 西北炼钢厂旧址高炉全景

太航仪表厂晾水塔

　　太航仪表厂晾水塔位于小店区坞城街道办事处太航社区并州南路 107 号太航仪表厂内。1951 年建成并投入使用。平面呈方形，长宽均为 8 米。晾水塔为木质，由 10 级斗状水槽组成，每级高 0.5 米，塔体南侧外接工作平台，塔身下部为水泥抹制的方形水槽。晾水塔由九根水泥柱支撑，塔身木料经过防腐处理。晾水塔的功能为将厂区内的工业用水由水泵抽至晾水塔顶部，水流逐级流下，达到冷却效果，处理过的水流可循环再利用。此种样式的晾水塔极为少见，工作原理简单，实用性强。

太航仪表厂晾水塔

二四七厂苏联专家楼旧址

　　二四七厂苏联专家楼旧址位于杏花岭区坝陵桥街道办事处五一路北社区五一路270号。1956年前后，二四七厂建设家属楼以及附属建筑，由苏联专家设计。旧址仅存家属楼3栋、水塔、烟囱各1座，占地面积2950平方米。3栋家属楼分别为5、6、7号楼，均为砖混结构，悬山式屋顶，屋顶中部有老虎窗，门窗、阳台均有雕刻装饰。其中5、7号楼呈"L"形，3层，4个单元，为当时外籍工程技术员、附属医院职工宿舍。6号楼呈长方形，南北走向，主体4层，两侧3层，分为5个单元，为当时厂级干部、军代表住所。

1 3
2 4

1. 二四七厂苏联专家楼 6 号楼正门
2. 二四七厂苏联专家楼 6 号楼
3. 二四七厂苏联专家楼 6 号楼顶层窗
4. 二四七厂苏联专家楼 7 号楼屋顶

古交钢铁厂

　　古交钢铁厂位于古交市河口镇河口村南约 1000 米处。古交钢铁厂于 1958 年大跃进时期建成投产。1962 年,国民经济调整时停产。1970 年恢复生产。1970 年至 1982 年亏损严重,列入关停并转企业名单。中共十一届三中全会后,生产经营状况逐年好转。20 世纪 90 年代后期,为了改变太原企业有铁无钢的历史,经太原市人民政府批准,进行炼钢轧钢项目建设,1992 年全面投产。1998 年,因体制和机制管理等原因,企业资不抵债,主要生产线停产。现工厂已全部停产,原有职工 4000 人,现有 100 人。大部分车间已租赁。现存 20 世纪 50 年代—70 年代办公楼、宿舍楼、俱乐部;各车间有机动车库、机修车间、选矿车间、变电所、风机房、火车修理库等;附属设施有高炉、烟囱、水塔等。

2 1.古交钢铁厂风机房
1 3 2.古交钢铁厂火车修理库
3.古交钢铁厂高炉

山西江阳化工厂旧址

　　山西江阳化工厂旧址位于尖草坪区南寨街道办事处江阳社区山西江阳化工(集团)有限公司厂区内。江阳化工厂始建于1953年,是国家"一五"期间投资兴建的156项重点工程中35个武器和军事物资工程之一，是中国兵器工业集团公司的骨干军工企业。建厂以来为国防事业和国家的经济建设做出了重大贡献。现存建厂时主要建筑有机关办公楼1栋和职工宿舍楼24栋。

山西江阳化工厂旧址全景

金融商贸建筑

官盐店旧址

　　官盐店旧址位于阳曲县黄寨镇黄寨村中大街北端。民国期间刘姓官商修建店铺，专营盐业。坐西朝东，占地面积108平方米。面宽五间，中间辟门，两侧开圆拱形窗，前墙装修为民国风格。

官盐店旧址正面全景

西谷学堂旧址

西谷学堂旧址位于清徐县西谷乡西谷村东南30米处。由乡贤崔毓绪于清宣统二年（1910）创办。初期为初等小学堂，民国时增办高小班。学堂坐北朝南，四合院布局，占地面积1190平方米。中轴线建有南厅、正厅，两侧建有东西厢房和东西厅，大门开于南厅正中。南厅面宽十三间，单檐硬山顶，砖券拱形门窗，槛窗外又加设百叶窗，屋面脊部正中建有钟楼一座。学堂内门窗多采用西式做法，是中西合璧建筑的典型实例。

1. 西谷学堂旧址南厅百叶窗
2. 西谷学堂旧址正厅
3. 西谷学堂旧址南厅及大门
4. 西谷学堂旧址全景

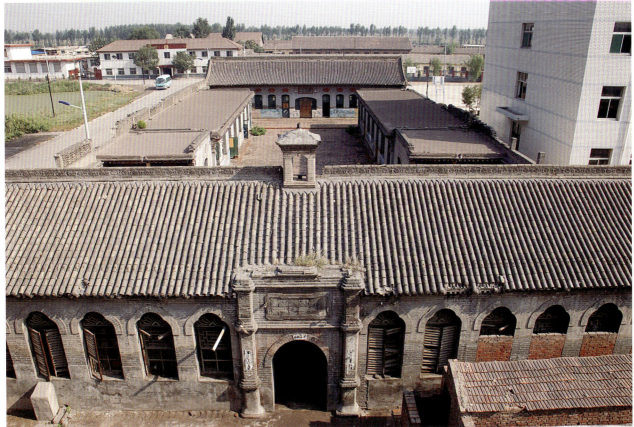

山西省图书馆

山西省图书馆位于迎泽区迎泽街道办事处解放南路一社区文源巷1号。其前身是1919年建立的山西教育图书博物馆,后更名为山西公立图书馆、山西省立民众教育馆,是全省最大的综合性公共图书馆。1958年开始筹建,1960年8月28日正式开馆。阅览楼为东西走向,平面呈"凸"字形,建筑总体中轴对称,立面造型中部高两翼低,门厅向前突出,装饰简洁,大方庄重。

山西省图书馆全景

山西省行政干部学校旧址

　　山西省行政干部学校旧址位于小店区坞城街道办事处开元社区学府街 96 号。1949 年建校，是主要培训党政领导干部和理论骨干的学校，1957 年与中共山西省委党校合并。旧址内保存有 1954 年建成的由 4 栋二层楼房合围而成的四合院一座，占地面积 14731 平方米。楼房形制相同，人字顶，每楼正中一二层均出露台，露台檐部上方砖砌金字塔造形，内塑五角星图案。

1️⃣ 1. 山西省行政干部学校旧址东楼近景
2️⃣ 2. 山西省行政干部学校旧址南楼近景

矿机俱乐部旧址

　　矿机俱乐部旧址位于杏花岭区敦化坊街道办事处矿机社区矿机宿舍内。1954年建成，由苏联专家设计。坐南朝北，东西长63.24米，南北宽56.93米，占地面积1600.25平方米。建筑平面成"T"型，分为看台和舞台两部分。看台为南北走向，长40米，宽21.4米，砖混结构，平顶；舞台分为前后台，平面呈长方形，长63.2米，宽16.8米，砖混结构，平顶。建筑上有斗栱和花草图案装饰。

1. 矿机俱乐部旧址建筑装饰
2. 矿机俱乐部旧址正面

军人俱乐部

军人俱乐部位于杏花岭区坝陵桥街道办事处小东门社区小东门街 12 号。原为省军区礼堂,建于 1957 年,1958 年 8 月 1 日对外营业。坐南朝北,占地面积 1800 平方米。主体二层砖混结构,中轴对称,中部四根西式柱,上覆檐口和山花,上有五角星图案。该建筑是太原目前保存较好的西式影剧院建筑之一,代表了当时影剧院建筑的较高水平。

军人俱乐部

太原市少年宫

　　太原市少年宫位于迎泽区迎泽街道办事处解放南路一社区解放南路8号。始建于1957年，为当时全国第一座新建的少年宫，被誉为"中国第一家"，是山西省规模最大、历史最长的校外教育活动场所。主楼坐西朝东，占地面积2101.63平方米。楼一层中间建弧形门厅，厅内塑有毛主席塑像。少年宫为太原市保存完好的20世纪50年代典型建筑之一。

```
2
1 3
```
1. 太原市少年宫侧景
2. 太原市少年宫一层大厅
3. 太原市少年宫毛主席塑像

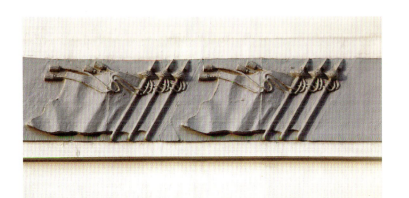

太原工人文化宫

　　太原工人文化宫位于迎泽区迎泽街道办事处解放南路一社区迎泽大街 248 号。山西省建筑设计院设计。1958 年建成，是"一五"期间太原市十大建筑之一，自建成以来一直是省市重大会议和重要活动的主要场所。坐南朝北，占地面积 6500.82 平方米。由主楼和东西楼相接而成，平面呈"山"字形，俯视如正在起飞的飞机。主楼楼顶有朱德同志题词"工人文化宫"。东西楼外墙墙体镶有向日葵及三面红旗图案，外墙半圆形通天柱顶部饰东方红图案。太原工人文化宫布局舒展、风格典雅，具有鲜明的时代特色。

1. 太原工人文化宫一层大厅
2. 太原工人文化宫墙体局部葵花雕塑
3. 太原工人文化宫墙体局部三面红旗
4. 太原工人文化宫远景

太原北飞机场旧址

太原北飞机场旧址位于尖草坪区尖草坪街道办事处尖草坪街 2 号太原钢铁有限公司厂区中北部。始建于 1923 年，当时由阎锡山主持在太原北门外光社村西开辟了仅有一条单行跑道的土质简易飞机场。机场在 20 世纪 20 年代后期及 30 年代前期主要为军事服务。抗战时期整修扩大。现存飞机库 4 座，碉堡 1 座。飞机库平面形式、立面造型、空间尺度以及朝向均完全相同，由北向南排列，东西两立面设双向推拉门。碉堡平面呈不对称"十"字形，俗称梅花碉，分三层，每层均有射击口。是研究山西近代军事史的重要实物资料。

1　1. 太原北飞机场旧址碉堡侧面
2　2. 太原北飞机场旧址 2、3 号飞机库及碉堡

侵华日军军营旧址

侵华日军军营旧址位于迎泽区迎泽街道办事处并州路二社区青年东街两侧，是 1937 年太原沦陷后在迎泽门外驻守日军的营地。旧址现存军官驻地为二层砖木结构楼房，建筑平面呈"山"字形；军官家属住所现存 2 排 4 栋，日军兵营现存 2 排 17 栋。比较清楚地反映了当时日军的驻扎情况，是日军侵华的重要罪证。

1. 侵华日军军营旧址军官及家属住所全景
2. 侵华日军军营旧址军官家属住所

山西省体育馆比赛馆

　　山西省体育馆比赛馆位于迎泽区迎泽街道办事处南内环街三社区双塔西街40号。1958年兴建,1961年7月建成,共投资170多万。坐南朝北,框架结构,占地面积为3145.11平方米。馆为弧形顶,北侧为正门,入口处有六根大柱子形成门廊空间,门顶墙体镶毛体"体育馆"字样,整个正立面呈现欧式古典主义风格,檐口处理细腻,工艺精湛,反映了解放初期欧式建筑的施工水平。山西省体育馆比赛馆是山西省建国初期兴建的大型体育场馆,投资多,规模大,是开展群众体育运动和专业训练的重要基地,也是太原市20世纪50年代代表性建筑之一。

1. 山西省体育馆比赛馆正面
2. 山西省体育馆比赛馆正面局部
3. 山西省体育馆比赛馆墙体装饰图
4. 山西省体育馆比赛馆西侧面

山西大学毛泽东塑像

　　山西大学毛泽东塑像位于小店区坞城街道办事处山大社区坞城路 92 号山西大学北校区。由山西大学艺术系教师王怀基 1967 年创作，1969 年落成。塑像为方基方座立身像。通高 12.26 米，代表毛泽东诞辰日；像高 5.7 米，寓指毛泽东在"文化大革命"中向全国工农商学兵、服务行业、党政机关发出的"五七"指示。毛泽东左手背后，右手挥举，目视远方。塑像材料为艺术系师生自创，用白水泥、红水泥和黑沙石搅拌成的胶混材料，至今无开裂和褪色情况。

山西大学毛泽东塑像

其他

Qi ta

白石沟古葡萄园

　　白石沟古葡萄园位于清徐县马峪乡西迎南风村西南 300 米的葡峰山庄。占地面积约 4 万平方米。清徐县是全国著名的四大葡萄产地之一，清徐县葡萄种植历史悠久，该地区的葡萄据传种植始于明末。现有百年以上葡萄树王二十余株，主要品种为龙眼葡萄。其中一株种植于明代，当地传为"葡萄树王"，占地近一亩，单株产量逾千斤，以含糖量高、耐贮藏闻名于世。曾获山西省农业博览会金奖。该葡萄园的发现，是研究我国古代葡萄种植单株首次使用压发条技术的实物资料。

1. 白石沟古葡萄园葡萄园树
2. 白石沟古葡萄园中景

后 记

HOUJI

　　太原市第三次全国文物普查自 2007 年开展以来，一直是全市文物工作的重中之重，并得到了社会各界的大力支持和帮助。在普查接近尾声之际，我们精心遴选了普查中的部分重要新发现集结成册，编辑出版。该书的出版，既是对近五年来工作的总结，更是对普查成果的展示，对于加强和改进太原市的文物工作具有重要的意义。

　　太原市第三次全国文物普查工作得到了山西省文物局的精心指导，得到了中共太原市委、太原市人大常委会、太原市人民政府、太原市政协和十县（市、区）人民政府的高度重视，得到了太原市发改委、住建委、民政局、财政局、国土资源局、交通运输局、水务局、林业局、城乡规划局、统计局、宗教局、房管局等"三普"领导小组成员单位的大力支持，得到了太原钢铁集团有限公司、山西北方风雷工业集团有限公司等大型国有企业的密切配合，得到了社会各界与广大人民群众的积极参与。在本书付梓之际，我们谨对支持、关心和参与普查的单位和人员表示真挚的感谢！

　　本书的编辑出版，太原市"三普"办的工作人员付出了辛勤劳动，并得到了山西省"三普"办、山西出版传媒集团三晋出版社的大力帮助，在此一并表示感谢！

　　由于水平有限，加之时间仓促，本书如有疏漏不妥之处，敬祈读者批评指正。

太原市文物局

二〇一一年七月

图书在版编目（CIP）数据

太原三普新发现集萃／太原市文物局编著．--太原：
三晋出版社，2011.10
（山西省第三次全国文物普查丛书）
ISBN 978-7-5457-0440-2

Ⅰ.①太… Ⅱ.①太… Ⅲ.①文物—介绍—太原市
Ⅳ.①K872.251

中国版本图书馆CIP数据核字（2011）第210538号

太原三普新发现集萃

编　　著：	太原市文物局
责任编辑：	翟晓宾
装帧设计：	冀建海　郭智勤
责任印制：	李佳音
出　版　者：	山西出版传媒集团·三晋出版社（原山西古籍出版社）
地　　址：	太原市建设南路21号
邮　　编：	030012
电　　话：	0351-4922268（发行中心）
	0351-4956036（综合办）
	0351-4922203（印制部）
E—mail：	sj@sxpmg.com
网　　址：	http://sjs.sxpmg.com
经　销　者：	新华书店
承　印　者：	山西臣功印刷包装有限公司
开　　本：	889mm×1194mm　1／16
印　　张：	12.5
字　　数：	180千字
版　　次：	2011年10月　第1版
印　　次：	2011年10月　第1次印刷
书　　号：	ISBN 978-7-5457-0440-2
定　　价：	180.00元